自律的孩子更成功

朱凌 著

中国经济出版社
CHINA ECONOMIC PUBLISHING HOUSE
·北京·

图书在版编目（CIP）数据

自律的孩子更成功 / 朱凌著.
--北京: 中国经济出版社, 2019.7
ISBN 978-7-5136-5178-3
Ⅰ.①自… Ⅱ.①朱… Ⅲ.①自律—学前儿童—家庭教育 Ⅳ.①C933.41②G781
中国版本图书馆CIP数据核字（2019）第000799号

责任编辑　海　毅　高晓晔
责任印制　巢新强
封面设计　尚世视觉

出版发行　中国经济出版社
印 刷 者　北京力信诚印刷有限公司
经 销 者　各地新华书店
开　　本　880mm × 1230mm　1 / 32
印　　张　6.75
字　　数　133千字
版　　次　2019年7月第1版
印　　次　2019年7月第1次
定　　价　39.80元
广告经营许可证　京西工商广字第8179号

中国经济出版社 **网址** www. economyph. com **社址** 北京市西城区百万庄北街 3 号 **邮编** 100037
本版图书如存在印装质量问题，请与本社发行中心联系调换（联系电话：010－68330607）

前言

PREFACE

你的孩子面对电子产品时，是否无法抵挡其诱惑？

你的孩子每天被动地完成学业，是否缺乏积极向上的心态？

你的孩子长时间沉迷网络游戏，是否萎靡不振、不能自拔？

……

这些情形正在一点点消耗着孩子的能量，导致孩子无法以积极的心态去面对未来。无论是学习还是生活，都陷入被动之中，如同行进在茫茫大海中的一叶扁舟，找不到前行的目标和方向。

家长都希望孩子拥有自控力，可是有多少家长自己能够真正做到呢？孩子优秀品质的养成，源于家长和孩子的共同努力。家长不能身体力行，不能给孩子树立良好的榜样，让孩子拥有自律的品质，简直就是天方夜谭、痴人说梦！

世界纷繁复杂，诱惑无处不在，孩子在成长的道路上，都会遭遇迷茫、焦虑以及困惑。家长应该与孩子一起面对，让孩子慢慢培养应对问题的良好心态；定规矩，给约束，让孩子拥有一颗自律的心，那么成长的烦恼自然就会迎刃而解。

当今大多成功人士，从小就拥有了自律的品质。所以，自律的养成应该从孩子抓起，在这一阶段如果能将自律品行印烙在孩子内心深处，就如同未来的人生拥有了一笔宝贵财富。可以说，真正的自律是一种信仰、一种素质、一种自省、一种自爱、一种发自内心的力量，它会让孩子感到幸福快乐、淡定从容，内心变得更加强大，永远充满积极向上的力量。

一个良好习惯的养成，会让孩子受益终身，会让家长获益匪浅。自律的孩子更成功，让我们共同努力，在人生的航行中为孩子树立一座灯塔，在成长的道路上为孩子点亮一盏明灯，把孩子真正培养成为抗得住干扰、抵得住诱惑、顶得住压力的自控小达人。

目录

CONTENTS

第 1 章

让孩子自律，家长得先自律

孩子做作业拖拉，学习不自觉，生活中也没养成良好的习惯，有一点儿空闲时间就会看电视、玩手机。面对这一情形，家长除了唠叨抱怨，似乎别无他法。家长只是看到孩子不听话的一面，仔细想想自己能否经得住电子产品的诱惑呢？家长自律习惯的养成极大地影响着孩子，对孩子起着榜样作用。所以，想让孩子自律，家长得先自律。

C O N T E N T S

第2章

生活中，做行动的小主人

你有没有觉得，你的孩子在面对生活琐事的时候，完全无从下手？无论是做作业还是完成其他任务，都需要家长督促；与朋友、同学交往时，也存在这样或那样的问题。其实，这一切都源于孩子没当好自己的小主人，事事都依赖家长，没有养成良好的自律习惯。大多数家长总是认为孩子年龄小，等长大后一切问题都能迎刃而解。实则不然，有些习惯的养成是需要从小培养的，让我们从现在开始，告诉孩子如何做行动的小主人。

第3章

丢掉手中的电子产品

面对电子产品，孩子会和大人一样，禁不住诱惑，深陷手机和电脑游戏而无法自拔。有些孩子对电子产品成瘾，且成瘾越来越趋低龄化，实在令人忧虑。是时候让孩子丢掉手中的电子产品，还孩子一个健康的童年了。

第4章

做好规划，让自律成形

让自律成形，就是给孩子定规矩，做一个有自控力的人。然而光有规矩不遵守，自律成形也是一纸空谈。这就要求家长要让孩子主动做好规划，身体力行，落实到学习和生活中的方方面面，让孩子从小养成自律的好习惯。

第5章

别让假自律害了孩子

所谓假自律，就是看似孩子每天都在书桌前学习，却没有一点儿实际效果；看似让孩子早起晨读，但早起的半小时内孩子完全是无所事事；看似按照制定的规则让孩子去完成一项任务，可结果却不尽如人意。这种看似自律的行为，实则没有任何效果；你只是让孩子表面养成了自律的习惯，实则没有自律的成就。这样的假自律，实际上是在害孩子。

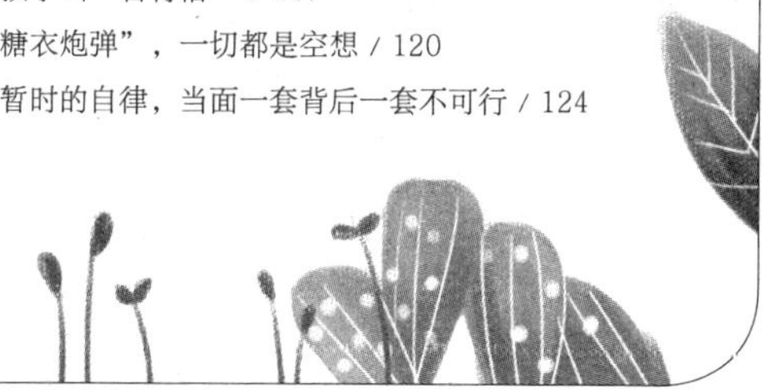

第6章

让自律成为孩子的习惯并固定下来

让自律成为孩子的习惯，让这种习惯伴随孩子的一生，这就需要家长时时关注孩子的方方面面，让孩子主动制定计划和目标，并且按照计划向前推进，逐渐固化这一习惯，让它成为孩子密不可分的一部分。只有如此，孩子才会养成受益终身的优秀品质。

第7章

孩子的自律与回报成正比

俗话说：种瓜得瓜，种豆得豆。家长当初帮孩子养成怎样的良好习惯，在孩子成长中，这些好习惯都会陪伴他们一生。孩子有多自律，他所获得的回报也就有多丰厚。其实，真正拥有自控力的孩子，并不觉得自律是件苦差事。正如哲学家康德所说："真正的自由不是随心所欲，而是自我主宰。自律即自由。"拥有了这份品质的孩子，他的世界注定该由他自己主宰。

第8章

成为真正拥有自控力的好孩子

孩子凡事都能够按照计划执行，能够排除外在的干扰，持之以恒做好自己应该做的事情。孩子拥有这样的品质，对家长来说是一件值得欣慰的事情，孩子也由此自行开启了通往成功的道路。

第 1 章

让孩子自律，家长得先自律

孩子做作业拖拉，学习不自觉，生活中也没养成良好的习惯，有一点儿空闲时间就会看电视、玩手机。面对这一情形，家长除了唠叨抱怨，似乎别无他法。家长只是看到孩子不听话的一面，仔细想想自己能否经得住电子产品的诱惑呢？家长自律习惯的养成极大地影响着孩子，对孩子起着榜样作用。所以，想让孩子自律，家长得先自律。

1

作为家长，
你是怎样度过每一天的

你是不是也像大多数家长一样，在工作了一天下班回家之后，总是喜欢靠在沙发上看手机刷朋友圈？或者是看一些小视频？这些行为，其实在某种程度上对孩子也造成了影响。孩子在看到你所做的一切后，会跟着学，甚至在你说他的时候，他还会理直气壮地反驳你。说你可以做这些事情，凭什么他就不行？孩子的话让你听起来可气，却又不得不承认有他的道理。

我就听朋友说过一件事情。

有一天下班回家后，由于在外跑了一天累了，她便靠在沙发上看手机上的小视频。她让坐在书桌前的儿子快点儿做作业。没想到她对着手机看一会儿，竟然睡着了！

当她一觉睡醒时，见到儿子居然拿着她的手机在看！她气得问儿子，为什么不做作业，拿手机看什么？儿子小声说："妈妈，我是看刚才有人给你发信息，我就帮你回了一条。你不是说及时回复信息的人，人品好吗？我是为你好啊！"她听到儿子这番狡辩，一时间竟然无话可说。

那天她跟先生聊到这件事情，先生对她说："以后咱们在孩子跟前也不能过于随便，要自律一些。尽量表现得积极向上一点，少看点手机。"

的确是这样，家长不经意的举止行为，实际上对孩子起着相当大的潜移默化作用，所以平日里应该多关注孩子，多做与孩子学习有关的事情，可不能一有空就打麻将、玩手机。同时家长做这些纯属消磨时间的事情，也只会让自己的生活越来越无聊。

怎样度过自己的每一天？或许有些人会说，上班，回家，然后做家务，再就是看看手机和电视。这样的生活，不能说是错误的，但却少了激情，少了对未来的向往，少了一种让自己积极向上的力量。久而久之就会消耗掉人的正能量，使人陷入无所事事当中。孩子要是生活在这样的家庭当中，他所听到和看到的也仅限于此，他所能做的也就是上学，回家，做作业，甚至连做作业也会打折扣。

常听有的家长说，明明可以很短时间做完作业，可孩子非要拖很长时间。每到这个时候家长不由得发火，而孩子呢，则是带着情绪做作业。并且在做的时候，不是说要换笔芯，就是说作业本要换，还有的会说要打电话问问同学作业是什么。总之千奇百怪的理由一大堆，目的就是不想在短时间内将作业做完。

为什么会出现这样的情形？就是因为孩子没有自律性，作业能拖则拖，能不做就不做。我曾听一位老师说过，有些孩子写拼音的时候连声调都懒得写，数学老师要求写计算过程，可孩子只写个得数。老师说这类孩子有一个明显的特征，就是家长很少检查他们的作业，也很少关注他们的学习，即便他们犯了错误，家长也不会意识到。

这样的孩子不在少数，当然偷懒也是很多孩子身上存在的毛病，你不去约束他，他就会在学习上投机取巧。但是也总有些孩子，并不是这个样子的，他们在后天的学习中脱颖而出，显示出不同的一面，无论是在生活上还是在学习方面都能很好地约束自己。我女儿班上就有一个这样的学生，每次开家长会的时候，老师都会重点表扬她，说她的作业完成得特别好。老师曾让这个孩子的家长在会上谈谈心得。孩子家长说她会从孩子放学回家就给她规定做作业的时间，在规定时间内完成作业，如果不完成，那么后果就由自己承担。

这位家长说的方法和老师曾对我们这些家长说的是一样的，可是为什么她的孩子做到了？我们的孩子就做不到呢？事后我得知，并不是这位家长的孩子是天才，而是这位家长本身就是一个极其自律的人，在要求女儿的同时，她也对自己做了要求。

这位家长在家很少看手机和电视，大多数情况下，她不是看书，就是在电脑前处理一些公务。她在做一件事情的时候，也是给自己设定一个时间，让自己在这个时间段内完成，绝不拖延。所以她的孩子也能够在短时间内完成作业，并且还有空余的时间看书。

这就是自律所起到的作用，它让孩子懂得如何去合理地安排自己的作业时间，懂得去拒绝身边的诱惑。

也有家长会说，孩子成绩好坏，也好像是天生的，比如有的人天生就是当科学家的料，他们可以轻而易举地取得成功；有的人哪怕是用了九牛二虎之力，依旧是学无所成。就像是同一个班级里的孩子，有的人就喜欢学习，有的人就不喜欢学习，这是注定的。

当然，在学习方面，先天的一些秉性的确起着一定的作用，然而也有很多科学家都是依靠后天努力成功的。

话说回来，人不可能随随便便成功，即使先天优势起着一定的作用，如果后天不努力，也终将一事无成。成功的人都懂得自律，懂得合理地安排自己的时间，懂得该做什么不该做什么。

多数家长都一味地向孩子强调学习的重要性，把所有的希望都寄托在孩子身上，可对于自己的提升全然没有意识到。孩子在这样的环境下生活，又能有多自律？记得有一位家长向我抱怨，说现在的孩子都怎么了，写作业是他们的事情，为什么非要把家长弄得像苦行僧似的，什么事情都不敢做？

她所说的什么事情都不敢做，指的就是不能在孩子面前看手机、看电视。她说有几回见孩子在做作业，自己便看手机，谁知还没看一会儿，孩子就凑上前跟她一起看。最终的结果就是，她吼孩子不做作业，孩子则小声地反抗说手机的声音影响了自己，沉不下心做作业。

这位家长说做作业是孩子自己的事情，孩子应该自觉。是这样吗？

我们知道，家庭环境对孩子潜在的影响是很大的，家长对自己放松了，那么在孩子面前势必就没有威信可言。我再说一个例子。

小区里糖糖的妈妈是一个麻将迷，每天一场牌是必不可少的。每次出去打牌，她都骗糖糖说是出去办事情，让糖糖听话，在家好好写作业。直到有一天小区里的一位老奶奶碰到糖糖问，你妈妈今天是不是又出去打牌了？糖糖才知道，原来妈妈每次说出去办事情，其实就是打牌！

为了这事糖糖和妈妈吵了起来，糖糖说："你以前不是答应过我不打麻将的吗？为什么现在又去打？你说话不算数！"原来在此之前糖糖就不喜欢妈妈外出打牌，想让妈妈陪她，妈妈当初也是答应她了，可是没陪几次牌瘾犯了，就以这个为借口骗糖糖。

糖糖妈作为家长说话不算数，无法做到自律，长此下去，糖糖又能有多强的自律性呢？

曾听一位教育专家说过，无论你这一天是怎么度过的，但只要你的孩子放学回来，你都要表现出一副积极向上的样子。拿本书学习一下，让孩子知道你是一个爱学习的家长。不要以为学习就是孩子的事，学习也是我们做家长的事。

有这样一位母亲，从孩子懂事起，在家里便很少看电视，很少做与学习无关的事情，她家里最多的东西就是书籍。有时间的时候，她会和孩子一起看书，一起做游戏，一起去解决学习上的难题。这位母亲曾说过，孩子在家的时候，她从不敢对自己放松要求。她会穿戴整齐，会像要求孩子那样，在电脑桌前处理工作的时候坐姿端正。她说自己要求孩子做的事情，自己都得要做到，久而久之，孩子也就渐渐地养成了自律的习惯。

人这一生是由若干个每一天所组成，你每天在做什么？你每天对自己严格要求了没有？你是否在定下目标后，能够按要求实现？这一个又一个的每一天，就构筑了你完整的人生。对于孩子也是这样的，他们的人生也是由每一天所组成，只有把握住了每一天，让每一天都过得充实，让每一天都不虚度，他们的人生才会精彩！

2

在孩子面前做到自律，更能起到好作用

在一次接女儿放学回家的途中，我遇到一位母亲正在训斥自己的孩子。大意就是母亲接到孩子班主任的电话，说孩子在上课的时候偷偷地玩电话手表，完全不用心听讲，作业完成得质量也不好。

母亲得知后非常生气，冲着孩子吼道："跟你说了一百遍！上课时候不要玩电话手表，你为什么做不到？作业也是，让你好好写，你为什么不听？你的自律性怎么这么差？！"

孩子一言不发地站在那里听凭母亲训斥，路人纷纷看着这对母子。或许是由于孩子一直都不吱声，母亲认为他没有一个好的认错态度，气得居然将孩子腕上的电话手表强行撸拽下

来！那一刻孩子哭了。

“你总是说我不听话，说我经不住诱惑，不自律。可是你呢？你炒菜的时候都把手机拿到厨房，你上厕所的时候也拿着手机，爸爸让你不要总玩手机，可你就是不听……你又有多自律？”孩子边哭边说。

母亲一下子愣住了，拿着电话手表的手也悬在了半空中。

是啊，“你又有多自律”，孩子的这句话，并不是没有道理。你做不到的事情，凭什么要求孩子做到？你不仅没有做到，此时还义正辞严地训斥孩子，孩子会服气吗？

家长是孩子的一面镜子，他从镜子中看到的是你的无聊，你的不自律，他怎么能自律起来呢？孩子原本就需要靠我们做家长的后天引导。

记得有一回我在公交车上见到一对母子，妈妈正坐在椅子上边吃饼干边听歌，一旁的儿子也学着她的样子边吃边打手机游戏。妈妈转过头看到儿子吃得满身都是饼干渣，顿时表情由听歌时的一脸愉悦转为一脸怒气，她说：“你就这么好吃？！就不能回去吃！你看看你弄得满身都是，敢情衣服不用你洗，是吧？”

儿子小声说道：“妈妈，我是看着你在吃，我才吃的啊！你衣服上也有饼干渣啊！”妈妈看到自己衣服上真有掉下来的饼干渣，不由得也笑了起来，车厢里的其他人也跟着笑了起来。妈妈很不好意思，将饼干放回包里，轻声对孩子说：“妈妈也不吃了，咱们回家再吃。”孩子高兴地答应了。

看到这里我不禁也笑了。

是啊，孩子的话没错。他看到妈妈在公共场所吃零食，他也跟着吃；看到妈妈打游戏，他也理所当然地打游戏。妈妈的行为影响着他，让他认为妈妈都这样做了，那就是对的。

所以说，家长这面镜子在孩子面前，一定要展现出最好的一面，让孩子能够通过家长的言行辨别是非对错。因为家长的一举一动，孩子都看在眼里、记到心里，并且会照着样子去做。

朋友小娜就属于对自己要求很高的家长，她对我说她在孩子面前，从来都不去议论别人的是非对错，也从来不向孩子传递负面情绪，并且她也时常反省自己有没有在孩子面前有过不良的一面。有时我觉得她这样做太累了，可她却说当你习惯了，就不觉得这是一项负担了，相反你还会非常享受这样的一个过程。她还说只有大人的行为正确了，孩子才能受到好的影响。

小娜说得一点没错。另外她在给孩子做表率的同时，自己也改掉了许多坏毛病。她说：“你知道吗？以前我也是一个不折不扣的手机控，严重的时候，隔几分钟不看手机，心里就没着没落的。自从孩子上学，我要每天监督孩子做作业，同时也为了给孩子创造一个良好的环境，下班一回到家，就把手机调成飞行模式。久而久之，我就习惯了晚上不使用手机。”

小娜是一位合格的家长，给孩子起到了一个好的带头作用，这一点值得我们学习。

对于孩子来说，现在的他们人生观和世界观还没有形成，家长就是他们成长道路上的指明灯，就是他们最好的老师。

我还记得教育家苏霍姆林斯基说过：“每个瞬间，你看到孩子，也就看到了自己；你教育孩子，也就是教育自己，并检验自己的人格。”很多时候，孩子的言谈举止反映的正是家长本身的形象。在孩子面前自律是为了让孩子能拥有良好的品质，使得孩子的明天更加美好！

3

做能拒绝诱惑的好家长

我的一位朋友一直都处于减肥的矛盾之中，用她自己的话说，她是冬天吃，夏天减，一年一年周而复始。她的减肥师曾让她对减肥建立起一个自律机制，否则像她这样减，很可能所花的钱都打了水漂。可她却无法拒绝美食的诱惑，常常是这边吃，那边减，以至于有时将自己饿个半死，有时将自己撑得迈不动步，可是体重却依然没有降下来。

这样的情形一度折磨着她，可又没有办法解决，让她痛苦不已。她曾问过我，为什么我的体重一直都保持在47千克，并且很少有波动。我对她说自从生了孩子以后，我的晚餐便是以水果和青菜为主。听完我说的话后，她觉得不可思议，说：

“晚餐正是一家人在一起吃吃喝喝的时候，仅吃水果和青菜，如何拒绝得了诱惑啊！你是怎么做到的？快点教教我。”

是啊，我是怎么做到的？这在当时，连我自己也是想不到的。

当时我也像她一样，见到了美食便会忘记了自己的体重。每次吃的时候，我都会说仅此一次，下次一定要克制住不再贪吃。可是下次的下次，我都没能抵挡得住诱惑。每次吃了之后，我便会陷入后悔与自责当中。我后悔没能抵挡住诱惑，后悔在吃的时候就忘记了一切。看着体重秤上迟迟不肯掉下来的数字，我觉得自己简直是这个世界上最失败的人。

先生曾笑我说，我这辈子都不可能回到生孩子之前的体重了，他还说像我这样不懂得自律的人，随着年龄的增长，只会越来越胖，想瘦下来，简直就是天方夜谭。他的话深深地刺激了我，我在想难不成我真要变成一个胖子？

痛定思痛后我决定减肥。

当我下了这个决心没多久，正好迎来女儿的百日宴。一大桌子的好菜，似乎在向我宣战。记得当时妹妹在桌上劝我说，吃了这一餐再减一样的啊。当时我真的差一点就动摇了，想着妹妹说得也对，吃了这餐再减也是一样的，女儿的百日宴这辈子只有一次，吃了这一次再说吧。

当我拿起筷子的时候，先生看着我笑了笑。因为之前他听到过我要减肥的豪言壮语，今天就是想看看我如何表现。我知道当时他是故意笑我，故意刺激我，看我是不是忘了自己所说的话。从那一刻起，我决定减肥。

“吃了这餐再减”，有多少人因这句话而让减肥失败？同样的话我曾经也对自己说了无数回，每次都是吃了这餐再减，可是每次都没能守住承诺。我不能再陷入这个怪圈当中了。

那天我决定换种方法来拒绝美食，就是将自己需要吃的食物，全部放在一个小盘子里；对于喜欢吃的菜，我只夹一口。一桌子的菜我只选了几样自己最爱吃的，并且搭配了一些青菜和水果。看着盘子里的这些食物，我算了算它的热量，觉得吃这么多应该是刚刚好。我决定只吃这么多，吃完后立即离席。

那一天，我让自己只吃了个七分饱，成功地拒绝了美食的诱惑。

在那之后我尝到了将食物量化的甜头，每一餐吃些什么，我都以这样的方式去解决。一天，两天，十天，一个月，我终于坚持了下来。而我的体重也给了我一个很好的回应——减了3千克。接下来的日子里，我严格按照每一天的定量来进食，我没有因减肥而饿得两眼发花，也没有因看到美食而忘记了自己许下的承诺。我拒绝了美食的诱惑。我将这一切都归结于自律，自律解决了困扰我许久的肥胖问题。

多年后当我的孩子因肥胖而去看医生时，医生的建议和我当年减肥的方式有着相似之处。就是让孩子在不影响身体营养的同时，尽量学会抵制美食的诱惑，少吃，多运动。

的确，女儿自小就喜欢吃甜食，很小的时候，一直由爷爷、奶奶帮着带。隔代亲体现在生活方面，就是他们会没有原则地宠爱孩子。只要是孩子爱吃的东西，他们就想方设法满足。当时我也曾说过他们，可奶奶说："孩子饿，我能不让她吃吗？"久而久之，孩子对于饮食完全没有节制，体重一路上升。

当我意识到这个问题的时候，女儿已经因肥胖而引发了健康问题。医生的话使得我对女儿实行了当年我采用的减肥方案。

我对女儿说，要想身体健康，就一定要杜绝暴饮暴食，特别是要拒绝甜食和碳酸饮料。起初女儿听说要拒绝美食，便说，胖就胖，不让吃好吃的可不行。爷爷、奶奶也认为我不该让小孩子减肥，还说等长大了，自然就不胖了。他们的逻辑在我看来完全没有一点科学道理。我将医生的话对他们说了，说儿童肥胖是病，是要治疗的，如果任由其发展，孩子的健康都成问题。听我说得如此严重，他们便不再多说。女儿则在我的监督下，主动拒绝了高热量的食品和碳酸饮料。经过半年的时间，女儿的身体已经达到了健康值。

这件事情让我更加明白，当你决定了要做正确的事情的时候，一定要坚持不动摇，不能因为外在原因而放弃。

在监督女儿的同时，我更加严格地要求自己。当然在面对美食的时候，偶尔也会有经不住诱惑的时候。每到这个时候，我总能想起自己对女儿说过的话："如果一个人无法拒绝诱惑，那么就只能让自己随波逐流，永远都无法达到自己理想中的状态。为了让自己能够拥有一个积极向上的人生，就一定要自律。"

人这一生要面临的诱惑很多，如果不学会克制自己，势必会陷入无尽的烦恼之中，况且有些诱惑还是致命的。

我听先生说过，他所在的单位有一年收容了一个吸毒的女孩，才19岁，正是花样的年华。她就是因为当初没能拒绝好友的诱惑，吸食了毒品，才走向了一条不归路。

生活中做个能拒绝诱惑的好家长，远比你不停地对孩子说教有用。你说教越多，孩子越容易反感，倒不如你动起来，以身示范，孩子看在眼里也就记在了心上。正因为我平日里在饮食方面很节制，所以当女儿在面对美食诱惑的时候，就学会了克制。家长对于孩子这种潜移默化的作用，其实在生活当中处处可见，你拒绝了诱惑，自律了，孩子自然也就跟着自律起来。

4

自律的养成，什么时候开始都不算晚

或许有的家长会说："我都这么大岁数的人了，让我从现在开始自律，那岂不是晚了？几十年自在惯了，现在还能做到自律吗？"

在此我想说的是，任何事情，只要你愿意去做，任何时候开始都不算晚，就怕你总在为自己寻找借口，而迟迟不肯行动。

我们要培养孩子养成自律的习惯，自己更应该先做到自律，再带动孩子自律，并且针对孩子的教育，我们也要多学习，不能抱着老观念教育孩子。

每一个家长都希望自己的孩子能够健康成长，能够在成长的道路上一帆风顺，能够在成年后有所成就。人常说"三岁看大，七岁看老"，一个孩子最初禀性的形成往往是在幼儿期。

在这个阶段，就需要我们做家长的去适时引导，做孩子的指路明灯，让孩子能够接受到正确的思想理念。只有接受了正确的思想理念，孩子的道路才会是平坦的、一帆风顺的。

只有家长首先做到自律，才容易培养孩子养成自律的习惯。当年的我因减肥而让自己变成了自律的人。同时自律让我对自己的体重有了一个更好的管理，也让我的生活发生了一些改变。以往我读完一本书要用上几个月的时间，现在一本书我会分成几个小的章节，按照时间规定去一章章地阅读，很快就会在规定的时间内读完一本书。生活当中，我也会给自己定下一个个小目标，并且靠着自律不断去完成它。

如果当年的我，认为从那时才要求自己自律已经晚了，那么也就不会有今天自我满意的我。读书与节食成了我生活中最重要的两件事，自律让我在短时间内完成了大量的阅读，让我的身材始终保持标准状态，让我的生活变得井井有条。也正因为我的自律，孩子向我看齐，比同龄人在学习方面更加自觉。

对于自律晚不晚这个话题，再说一件让我深有感悟的事情。

妹妹所在的小区有一位60岁的女人，当她得知妹妹因练瑜伽而使颈椎病有所缓解时，也要求妹妹带她一起去瑜伽馆。妹妹对她说练瑜伽很辛苦，不太适合年纪大的人，每天不仅要按时上课，回来还要按照老师的要求在家里练习，如果坚持不下来，是不会有什么效果的。妹妹以为这番话说给对方听了之后，对方肯定会打退堂鼓，没想到对方笑着说：“不就是给自己定规矩吗？放心，我做得到！”

起初妹妹以为她只是说说而已，因为小区里有几个和妹妹一起练瑜伽的年轻人，都因为无法强制约束自我，有始无终了。谁能想到这位60岁的女人，不仅每天早上准时出现在瑜伽教室，她还给自己制定了严格的练习时间表。她的这种表现，让教练对她刮目相看，更让妹妹觉得不可思议。后来在一次聊天中，妹妹得知她被颈椎病折磨得非常痛苦，医生建议她做手术，可是不排除有风险。一听说有风险，便让她打心底里排斥，担心万一风险降临到自己头上，那该怎么办？可是有病又不能不治，医生便给她开了些药，说是可以让症状减轻一些，但要是平日生活不注意，这病还是会犯。她问医生难道这病就是绝症了？医生说可以试着练瑜伽来缓解，再在医院配合着做一些物理治疗，平日加强颈部的保暖，就可以避免犯病。正巧有一回她在小区里听妹妹对别人讲，说自从上了颈椎瑜伽课后对颈椎有了缓解作用，所以便决定来试试。

她对妹妹说，平日里她是对自己狠不下来的人，可是为了治病，她决定要给自己立规矩，做一个自律的人，每天都严格按照老师的要求上课和练习。她是这样说的，也是这样做的。

就这样她坚持了大半年时间，颈椎病症状有了明显的缓解。她对妹妹说，以往的她总是手麻，自从练了瑜伽后，症状有了明显的缓解。她越练越有劲，对自己的要求更加严格了。原以为她只是在练瑜伽方面自律，没想到她发现自律给自己的生活带来了改善，接着做出了更多让人意想不到的事情。

她给自己立了一个又一个规矩：从最初练瑜伽，到现在去上老年大学，还计划着要开网店……她的日子过得丰富多彩，人的状态也越来越饱满。她说她现在觉得自己是自己的主人，不再像以前那样，感觉没有目标，没有动力，现在的她感觉重新回到了年轻的时候。她还在小区组建了一个广场舞队，主动将小区退休的老年人拉出来教她们跳舞。那群老年人在她的带领下也变得神采飞扬，这都是她的功劳。

想想看，一群年纪已过60岁的人都开始了自律的生活，你还觉得家长培养自律的习惯已经晚了吗？永远都不要嫌晚，永远都不要为自己找借口，特别是在孩子面前，我们更应该做自己的主人，更应该以一种积极向上的状态让孩子感受到正能量，使他们耳濡目染、自律自强。

从现在开始给自己立规矩，给孩子立规矩，并且脚踏实地去践行，做一个在生活和学习方面自律的人，同孩子携手前进！

5

时间宝贵，抓紧与孩子共同成长

时间对于每个人来说都很宝贵，对于孩子的成长更是如此。可是有些人却认为时间太多，以至于感到无聊。

不仅某些大人常常抱怨无聊，就连有些孩子也总说自己无聊。其实从深层次去观察，孩子嘴里说的无聊，实际上并不是大人所理解的无聊。

这种情况，多半是因为孩子不能像大人那样懂得与自己相处，不知道该怎样自娱自乐，不知道该做些什么，以至于情绪找不到一个出口。

当然这种状态久了，孩子也就丧失了发展创造的能力。

我的一个同学是幼儿园的一名老师，她说在她班上有一个孩子由于家里生了二胎，他妈妈为了抽出时间照顾小宝，在他放学或者休息的时候，就将家里的平板电脑拿给他，让他一个人玩。起初这个孩子对平板电脑并不太感兴趣，可是当妈妈调到他喜欢看的动画片时，他便拿着平板电脑不肯放手。

久而久之，孩子爱上了平板电脑，连吃饭的时候也会打开看，上洗手间的时候也会拿进去看，有时就连和小朋友出去玩，也会把平板电脑带上，总之只要是手上拿着平板电脑，孩子就很听话。

妈妈见孩子不缠她了，就拿出几乎全部时间照顾小宝。当然她也知道孩子沉迷平板电脑并不好，但没有办法。直到有一天发现孩子的视力严重下降，她才着急了。

长时间看视频不仅对孩子的身体造成了伤害，也对孩子的心理造成了影响。在那之后，孩子的妈妈限制了孩子看平板电脑的时间。

然而让人想不到的是，孩子居然整天对着妈妈说自己好无聊，不知道该做些什么！不仅整天无精打采，有时还会发脾气。

有一次，孩子趁妈妈不注意，偷偷地将平板电脑拿到了外面，在小区里一待就是好几个小时。孩子的妈妈以为他丢了，发疯般地到处去找。当找到他时，没想到他居然说自己只是无聊，想多看会儿动画片，又没做错什么。

孩子的妈妈不知道该拿孩子怎么办，便找到了我的同学。

我的同学对孩子的妈妈说，由于孩子过多地看平板视频节目，不做其他的事，便在生活当中找不到乐趣，长此下去对孩子的身心会产生极为不好的影响。

孩子的妈妈很着急，问同学该如何解决。我的同学向她建议，抽时间多陪伴孩子，时间久了，孩子就会有所改变。

同学的意思是应该更多地让孩子去关注屏幕外的世界，关注身边的亲人，多与人打交道。

当然，我认为还可以引导孩子利用“无聊”的时间开发创造力和动手能力，可以尝试着让孩子动手去制作一些手工艺品或者玩具。

这不由得让我想起自己小时候。那时候物质条件贫乏，许多孩子的玩具都是自己制作的，比方说男孩子玩的小手枪和弹弓，女孩子玩的鸡毛毽子。当时这些东西绝对是我们最喜欢玩的玩具。我还记得有一回为了做鸡毛毽子，和同学一起去外婆家捉鸡拔毛。为了追满院子乱跑的鸡，我还摔破了膝盖。那情形现在想想，都觉得回味无穷。当毽子做好时，我们爱不释手。那个鸡毛毽子我用了很多年，一直都舍不得扔。

现在的孩子，就很难体验到我们当时的那种乐趣。虽然现在我们无法让孩子拥有我们那样的童年，但可以试着让他们动手做自己喜欢的玩具。培养孩子的动手能力，同时也能激发他们的创造力，而创造力正是促进孩子自立性发展最关键的品质之一。

另外，正像我同学说的，家长的陪伴是孩子成长必不可少的因素。在陪伴孩子的同时，家长可以更多地了解到孩子内心的想法，更好地建立起融洽的亲子关系。前面事例中提到的那个孩子的妈妈，后来意识到了自己的问题，不再一门心思照顾小宝，而是尽量平衡时间陪伴两个孩子，同时避免做出厚此薄彼的举动，让两个孩子都享受到了浓浓的母爱。

时间宝贵，陪伴孩子一起度过美好的时光，让孩子感受到你的呵护与关怀。丢开所谓的无聊时间，投入到与孩子的互动中来。在互动的过程中，分享孩子成长的乐趣，是幸福的事情。这样，你与孩子之间的感情纽带会越系越紧，孩子的成长道路上也会洒满阳光！

第 2 章

生活中，做行动的小主人

你有没有觉得，你的孩子在面对生活琐事的时候，完全无从下手？无论是做作业还是完成其他任务，都需要家长督促；与朋友、同学交往时，也存在这样或那样的问题。其实，这一切都源于孩子没当好自己的小主人，事事都依赖家长，没有养成良好的自律习惯。大多数家长总是认为孩子年龄小，等长大后一切问题都能迎刃而解。实则不然，有些习惯的养成是需要从小培养的，让我们从现在开始，告诉孩子如何做行动的小主人。

1

养成良好的生活习惯

我家楼下的明明从小和奶奶一起生活，6岁的时候才回到父母身边。起初父母看着孩子一下子长这么大了很是高兴，可是相处时间久了，他们发现明明的生活习惯和奶奶如出一辙。这不由得让夫妻二人感到头疼。

每到吃饭的时候，饭菜刚摆在桌子上，明明不洗手拿起馒头就吃。明明的妈妈让明明不要这样吃，不仅不卫生，还特别没礼貌。明明的奶奶听到了，不乐意了，说：“从小明明就是这样吃饭的。小孩子的手又不脏，有啥不卫生的！”说完，奶奶也拿起馒头开吃。

站在一边的妈妈再也看不下去了，将明明拉到水池边，强行帮明明洗手。明明被妈妈的样子吓哭了，边哭边叫：“奶奶！”

奶奶冲到水池边将明明拉回饭桌前，转身对儿媳妇说：“早知道你这样对孩子，我就让他留在我身边！孩子迟早会被吓坏的！”

婆媳二人你一言我一语地吵了起来。

最后，奶奶居然气得扬言要带明明离开。

妈妈见奶奶如此霸道，一气之下将明明拉进房间并反锁起来，说是要好好地教育一下他。明明在房间里哭，奶奶在房间外面干着急，就在这个时候，明明的爸爸回来了。

那天，明明的爸爸是两边安慰，两边都不讨好。

晚上，明明的爸爸对明明的妈妈说，长此下去不仅家庭会出问题，孩子也会出问题，一定要想办法解决。最后，夫妻二人就孩子教育的问题达成一致，就是由明明爸爸去劝说奶奶，让她放手别再干涉他们教育孩子。奶奶听后觉得很委屈，张罗着要回去住。还说：

早知道就不帮着带孩子了，现在孩子带大了，就把她一脚踢开了；

明明妈这是秋后摘桃子的行为——小的时候不管，现在明明大了，好管了，就来扮演好妈妈……

明明妈听后一肚气委屈，想发作，还是忍住了。

明明见奶奶要走，哭着闹着都不肯放手，还说这辈子就要跟奶奶过，说奶奶是世界上对他最好的人，他不要爸爸妈妈。祖孙二人哭得稀里哗啦。

不过最终奶奶还是走了。

奶奶走后，明明起先还和妈妈对着干，认为这样就可以让妈妈把他送到奶奶家。可明明想错了，妈妈明确地告诉他，今后只有爸爸妈妈管他，爷爷奶奶年纪大了，不会再照顾他了。时间久了，明明见没了靠山，只好凡事都听妈妈的。明明的妈妈开始跟明明规定卫生习惯，立了生活方面的规矩：每天早晚必须刷牙，饭前便后都要洗手，自己能做的事情自己去做。

起初明明总是能偷懒就偷懒，甚至还会骗妈妈说自己都做了，直到有一次，妈妈看到明明没有洗手，却信誓旦旦地说自己洗了。妈妈当时就准备发火，可转念一想发火也可能起不到作用，还容易让孩子更加排斥自己，于是她便想了一个办法。

明明妈妈让明明当家里的卫生监督员，监督爸爸妈妈的卫生情况。

没承想只是一个小小的办法，就把明明的积极性调动了起来。以往明明最不喜欢晚上刷牙，现在为了监督爸爸妈妈，主动以身作则。每天晚上自己刷完牙后，就监督爸爸妈妈刷牙。

明明的妈妈见到孩子的转变，觉得在教育孩子的问题上，一味地指责，一味地去强调让孩子该怎么做，真的不如放权让他学会自我管理；给他一顶小小的高帽子戴戴，让他发挥主观能动性，远比推着他往前走要好得多。

有一次，明明的爸爸由于在外应酬喝酒回来没有洗漱，明明便拉着爸爸非要让他去洗漱。爸爸不愿意去，明明就坐在爸爸身边不让他睡觉。无奈之下被明明磨得没办法了，爸爸只好去洗漱。事后爸爸对妈妈说，家里这个小监督员，有时真是比大人都自觉，咱们不严格要求自己，还真是不行。

当然对于孩子来说，总是有着一定的反复。有一段日子，我听到明明妈妈在楼下大声地叫明明注意卫生，饭前便后要洗手。我问明明妈妈，监督员的高帽子没用了？明明妈妈笑着说："时而有用时而没用。不过我现在也找到孩子的弱点了，就是偶尔再用用激将法。这不刚才我还激了他，说他做事不能坚持。我这一说，孩子的干劲又大了。"

听了明明妈妈的话，我不禁笑了。看来与孩子之间的"斗争"，做家长的智商要不断升级，不能只用老方法，要适时想些新点子，这样孩子才能够从心底里佩服你。不过明明妈妈也说了，在与孩子斗智斗勇的过程中，也让亲子关系变得更加融洽。她说早几年因为只想着在外挣钱，把孩子交给老人带，才导致了一系列的问题。早知道这样的话，就该自己带孩子。

我明白她的意思，她是想说不应该从小就将明明丢给爷爷奶奶带，虽然老人疼爱孩子，但在教育方式上，还是存在一定问题的。

明明妈妈与我聊天时说，不仅要培养孩子养成讲卫生的好习惯，还要让孩子远离生活中的一些不良习惯。她说她从网上了解到，有接近一半的孩子有一边吃饭一边看电视的习惯。这种习惯对孩子的身体会造成不好的影响。因为人在吃饭时，需要有消化液和血液帮助胃肠消化食物，而吃饭时看电视，大脑也需要大量的血液。这样一边吃饭，一边看电视，两方面都不能得到充分的血液，就不利于健康成长，时间长了甚至还会导致头晕眼花。

她说，还有的家长习惯在饭桌上训斥孩子，导致孩子吃不下饭；还有些家长早上起晚了，导致孩子吃不上早餐；等等。这些情况都不利于孩子健康成长。我笑着对她说看来她对儿童教育这方面还挺有研究的。她说她也是在明明来到她身边后，在教育孩子的过程中慢慢摸索到的，自己会在网上查找一些资料和看一些相关的书籍。

看来明明妈妈找到了对自家孩子有针对性的教育方法。

的确，良好的生活习惯对孩子的健康成长必不可少，它是孩子拥有自主行为的一个重要准则。

2

家务也好，课业也好，完成就好

现在听家长说得最多的就是孩子在做作业的时候，完全不能集中精力以最快的速度完成。看似他在做作业，可是当你忙其他的事情去，忙了一段时间后再过来检查，没承想他只写了几个字！问他为什么不写，他居然会说我在写啊！我又没停。

我想每到这个时候，家长肯定都会火冒三丈。有些家长克制力强，会好言好语问孩子是怎么回事，为什么只写了几个字。有些家长则没那么好的态度，吼都是轻的。这样就很容易搞得家庭气氛很紧张，不仅孩子觉得委屈，大人也觉得这日子过得累。然而我们都只是站在家长的立场上去看待孩子的作业，有多少人是站在孩子的角度上去看待作业呢？去深层次地探究孩子为什么会出现这种情况呢？

大多数的孩子，只要一放学回家，就会听到家长说这样的话："老师留作业了吗？你写完没？没写完赶紧去写。"殊不知这些话会给孩子造成很大的压力。

原本孩子在学校上了一天的课，回来想轻松一下，可一回家，你就不停地催促他去做作业。对此，孩子其实是很排斥的。他们会认为大人不理解他们，认为大人的眼中只有学习和作业，根本不关心他们。这样一来，他们即便坐在书桌前，心也是飘着的，做作业的效率不会高。

孩子的这种情形，其实和我们在某些方面是有相似的地方。就像是我们在上了一天班之后，也想回到家暂时休息一会儿，不想动。这时假设先生不体谅妻子，反而直接说："怎么不去做饭啊！"妻子的心情会如何？可能会生着闷气起身把饭做了，但是不开心的情绪会憋满肚子。也有可能直接跟先生吵起来，于是便会爆发一场家庭大战。

妻子认为自己受了很大的委屈，先生却认为妻子不可理喻。

换个角度思考一下，孩子每天回到家，所听到的第一句话就是："你怎么还不去写作业！"他的心里会怎样想？是不是也会感到很委屈？

你的不理解让孩子的内心感到无助，认为在学校里老师不理解，回到家里爸爸妈妈也不理解，这世上没人理解他。若孩子长期都是在这样一种有情绪的状态下生活，就很容易形成偏执的性格。所以家长不应该只在乎孩子的学习成绩好不好，而应该多关注孩子累不累，要多理解关爱孩子。当孩子感受到爸爸妈妈的理解和关爱时，是愿意付出努力让亲人省心的。

记得有一次，女儿对我说过这样的话："妈妈，你知道吗？你最让我觉得舒服的地方就是，你不像别的妈妈那样，一放学就催我做作业，而是让我先休息一会儿。如果你要是在我一回来就催我做作业，那我会崩溃的。"

女儿的话让我感到有些吃惊，我完全没有想到自己的一个无心之举，竟会对女儿的内心造成如此大的影响。我当时也就是在想，女儿回来休息一会儿再做作业很正常。

从那之后我更加注意女儿放学后的情绪变化，试着站在孩子的角度思考一些问题。

我发现，当蹲下身子与孩子交流的时候，更能赢得孩子的信任，听到孩子心里的真实想法。

每天放学给孩子几分钟的休息时间，让孩子得到放松之后，再给孩子规定做作业的时间。这个作业时间一定是要你和孩子共同认可，而不是你自己认为孩子应该做多久，就规定多久。在规定时间内你最好多给孩子10分钟。如果规定作业时间和额外增加的10分钟用完以后，孩子的作业没能完成，那么不管孩子以怎样的理由求你，你都要坚决将作业本收了。第二天如何对老师解释那是孩子自己要面对的事情。这样的情形久了，孩子就知道该在什么时间内做什么事情。这种方法多数的老师也都是鼓励家长使用的。当然家长可以单独与老师沟通自己家孩子的作业情况，这样老师也能在第二天针对孩子的不同情况，做出相应的批评。

这样的情况因孩子不同，可能持续的时间也有所不同。有的孩子这两天完成作业的情况很好，可是过两天又回到了老样子。这是因为家长没能坚持贯彻下来，让习惯固定。不能今天规定了时间，明天就不规定了；今天收了本子，明天没做完找个理由就可以开脱。要是断断续续地执行，不仅对孩子起不到约束作用，反而还会让孩子觉得无所谓，导致规定作业时间这一方法毫无成效。

孩子做完作业后也要养成收拾书桌的习惯，家长不要帮孩子收拾书桌和书包。要让孩子自己去做力所能及的事情，比方说吃饭的时候帮家长添饭，打扫自己房间的卫生，洗自己的小衣服。最好规定每周做一次大扫除，让孩子养成定期清理的习惯。

现在有太多家长过于宠溺孩子，在家里什么活都不让孩子做，还说是为了让孩子专心学习。这样的做法完全是剥夺了孩子的动手能力。我记得我读书的时候，我就有一个同学在家里什么活都不干。当时她的妈妈对她说，她只管学习，家务活不用插手，还说女孩子是用来疼的，不是用来使唤的。就这样，从小学到大学，她很少自己洗衣服，更别提在家里帮着扫地、洗碗了。这样的情形一直持续到她结婚。婚后她依旧像在家里一样，什么活都不干。婆婆抱怨她什么都不会，说要学着自己干点活，别整天当“甩手掌柜”。同学觉得很委屈，就把这话对自己的妈妈说了。同学的妈妈听到后，怒气冲冲跑到同学婆婆家，撸起袖子说：“你家有什么活我来干！我家姑娘天生是读书的料，不是干活的料！以后你们不许再让她干活。”这下把婆婆弄烦了，认为亲家太不讲理——这结婚过日子的，哪能什么活都不干？

两家为此事闹得不可开交，同学和她先生的感情也受了影响。最终我的这位同学冲动之下与先生离婚了。离婚后，她曾对我说，她这辈子最后悔的事情就是当初事事都听妈妈的，以为只要读书好，就什么都好。她后悔离婚了，可是后悔也晚了。

现在大多数家长都与同学的妈妈有着相同的想法，认为孩子只要读书好，就行了，那些家务活不用干。实际上家长这样做，会让孩子养成不懂得感恩的心态，认为爸爸妈妈替自己做任何事都是应该的。

这样培养出来的孩子，即使成绩再好，人格也存在缺陷。

所以说，课业和家务是孩子面临的两大问题，只有家长将这两块抓好了，让孩子养成独立动手的能力，孩子才能从真正意义上做行动的小主人。

3

培养孩子
做社交小行家

孩子应不应该有社交活动？回答是肯定的，孩子也应该从小具备社交能力。现在的孩子，大多都是独生子女，平日里基本上都是一个人，其实他们是很渴望和同龄的小伙伴们一起玩的。所以家长应该给孩子创造这样的交往环境和机会，让孩子有与其他孩子交往的空间。可是现在多数的家长都认为孩子学习负担重，作业多，出去找小伙伴们玩，势必会耽误学习的时间。家长这样想是错误的，社交对于孩子来说，是一种在社会上交往的能力，这种能力将会陪伴他的一生。

孩子的社交能力，不仅仅是针对于他与同龄人的交往，其中还包括他与成年人的交往。只有让孩子掌握一定的社交能力，他在面对外界的一些特殊事件时，才能够发挥主观能动性。

记得在女儿小的时候，我曾和女儿一起看过一本童话故事书，就是讲关于孩子社交能力的。书的名字是《朋友越多越好》，大概内容是——

在农业展览会上，鸭子达克种的软糖豆得了一等奖。国王听说以后，前来借走了软糖豆。这一“借”就再也没有归还。于是，达克踏上了去皇宫要回软糖豆的路程。一路上，信奉“朋友越多越好”的达克毫不犹豫地带上了每个想和他同行的人，大狗、梯子、河流、黄蜂。到达王宫后，国王百般刁难，不想归还软糖豆。不过，好在有了这些好朋友帮忙，达克才能化险为夷，解决大麻烦。

当时我对女儿说：“看到没有，多交朋友是件多么好的事情。当你遇到困难了，一定会有朋友来帮你。”可是女儿却反问我说：“真的是朋友越多越好吗？为什么我只喜欢和妞妞一个人玩呢？”女儿的问话让我一下子愣住了。

的确，从小到大，女儿的性格有些内向，有时就算是我主动带她找楼下的小朋友玩，她都会拒绝。她最好的朋友就是同班的妞妞。

直到那一刻，我明白了每个孩子的社交方式都是不同的，并不是所有的孩子都喜欢结交一大群朋友，都喜欢热闹。对于那些比较内向的孩子，他们只和几个熟人交往玩耍，其实也是没关系的。因为只要是他愿意与别人交往，哪怕只与几个朋友交往，也属于一种社交。只要他不是完全封闭自己就可以了。孩子只要愿意与其他小朋友交往，家长就实在没有必要非要让孩子交很多的朋友，甚至是让他们加入到陌生的环境，和陌生人打招呼或者是互动。

见过有些大人，在带孩子走亲访友或者参加一些社交活动的时候，不仅要让孩子主动上前打招呼，还非要让孩子展示自己的才艺，仿佛这样才能让别人对自己的孩子另眼看待。如果孩子不愿意，大人就会觉得很没有面子。

我就曾在一次朋友孩子的生日宴会上，看到过这样的场景。一位年轻妈妈非要让她的孩子上台给大家弹奏一首钢琴曲，孩子对妈妈说自己不想弹。可是妈妈并不听她的解释，硬推着孩子往台上走。孩子明显流露出很害怕的样子。这时其他的大人也跟着起哄，让孩子弹一曲。还有的大人说：“不就是弹首曲子吗？没什么好害怕的。”大人们起着哄，孩子妈妈把她往台上推，孩子见此情形一下子哭了起来，站在那里不肯往前走。妈妈在那一刻也很生气，骂孩子：“真是狗肉上不了正席！平日在家弹得多好啊！让你表演一下，怎么这么胆小？！”那孩子只顾着低头哭，妈妈只好收手。

那一天在宴会上，我见那孩子没怎么吃东西，一副闷闷不乐的样子。见此情形，我的心也跟着揪了起来。可是孩子的妈妈好像是赌气地在“惩罚”孩子的不配合——和其他人有说有笑，对孩子始终都没正眼相看。

很多时候我们都没能听取孩子的意见，就像上面提到的那位妈妈，她完全可以先征求孩子的意见，可是她却直接为孩子做主，让孩子上台表演。退一步说，有时就算是我们和孩子商量了，孩子不同意做某事，我们也应该尊重他们的想法。可是有些家长却认为孩子就该听话，大人说什么，孩子就要做什么。这样的想法实在要不得。

家长应该学会针对孩子的性格特征，来决定他们以怎样的方式去与他人交往。有的孩子性格外向，就可以鼓励他多交朋友，多在陌生的环境表现自己。有的孩子性格内向，那么就不要强迫他去做不喜欢的事情，可以慢慢地引导他学着和陌生人打交道，不能急于求成。还有些孩子在与别人的交往中很霸道，凡事以自我为中心，就要教导他不能太过于自我，太过于自我的人，大家都不喜欢跟他打交道。

有一天小区里有几个孩子在玩游戏，其中一个孩子非要让另一个孩子当小宝宝，那个孩子很委屈地说：“我都当了三次小宝宝了，能不能换你当？”先前那个孩子说：“谁让你个子矮？你要是不当小宝宝，就不让你玩这个游戏了。”感觉委屈的那个孩子听后哭着跑走了。

看到这个场景，我在想：如此霸道的孩子，往后他的朋友肯定会越来越少。所以说，家长要教导孩子有合作精神，要让孩子和玩伴处于平等位置，不能因自身有优势，就打压其他孩子。当然也有些家长担心自己的孩子与别人一起玩会吃亏，就总愿意以“保镖”的身份站立在一旁，有时甚至还会闯入孩子们的世界中充当“执法者”。这样做也是不可取的。孩子们有孩子们的世界，出现一些小的摩擦，要让他们自己去处理，如果大人前去仲裁，反而容易把事情搞大。况且，孩子终究要长大，许多问题都要他们自己去面对解决，家长不可能一辈子替他们做主、出头。

4

花钱，也是一门大学问

“妈妈，我没钱了，给我转钱。”正在公司准备开会的小枫，接到了儿子的微信，当她点开微信听信息时，大家听到了这句话，不禁都笑了。小枫连忙在微信上给儿子转了100元钱，然后便接着和我们一起开会。

那天下班回家的路上，我与她聊起了孩子零用钱的事情，她说：“我这儿子，简直就是用钱的机器，对于钱完全没有概念，一百元钱给他，一会儿就没了。用完了就会找我要。我要是再不努力挣钱，今后估计都养活不了他。”

小枫的话虽然有些夸张，但不得不承认，当今的孩子在用钱方面，比我们小的时候要厉害得多。

小枫曾说过自己小的时候家里条件差，零用钱也很少。那时的她想吃糖了，就会将家里的旧报纸、旧书刊拿去卖。每次卖的钱，虽然只够买几颗糖，但足以让她高兴许久。

有一次她将父亲的一本画报拿出去卖了，没想到那本杂志是父亲珍藏多年的。父亲得知后气得打了她一顿，并且说她嘴馋，还说一个女孩子嘴馋是要跟人跑的。小枫因为父亲说的这句话哭了很久，几天都没和父亲说话。事隔多年后，当她对父亲提及此事时，父亲很是愧疚，说："那时要是有现在的条件，你也不至于将家里的东西拿出去卖了换糖吃。当年我的确不该打你，应该好好地和你说。"

这件事情对小枫的影响很大。从那之后，她觉得一定要多挣钱才有安全感，有了钱生活质量才会有保障。特别是有了孩子之后，她不想委屈孩子，要给孩子创造好的物质条件。于是她在公司里总是很努力地去做业务，有加班的任务，总是冲到前面，而且她的业绩也总是做得最好。

现在的年轻父母，大多都属于"80后"，他们小时候的物质生活条件同现在的孩子是完全不能比的。当时家长所能给的零用钱都是有严格限制的，与现在的孩子比起来，现在的孩子简直就是掉进了蜜罐里。

我曾听女儿的班主任说，有一次班上例行检查孩子所带学具的时候，她居然在一个孩子的笔袋里看到几张一百元的钞票。老师问孩子为什么要带这么多钱，孩子说妈妈担心她在学校吃不好，让她在放学的时候，拿着这些钱买些自己喜欢吃的东西。

可是孩子呢，却用这些钱在学校门口的小商店买冷饮、买辣条，不仅自己吃，还在班上请客。营养自然就谈不上了，冷饮和辣条吃多了，对孩子的胃会有多大伤害，在此不用我多说，各位家长都应该知道。事后老师给孩子的家长打了电话，但家长却说自己平时上班太忙，有时顾不上给孩子做晚饭，想着外面卖的东西又多，孩子买自己喜欢吃的东西，也没有多大问题。

看看，家长的放任，加上孩子的不自觉，让孩子在零用钱管理方面，完全没有一个概念。家长只知道不能委屈了孩子，以至于孩子只要是提出要钱的请求，二话不说就答应，但却不知，这实际上是对孩子不负责任的表现。

那么究竟给不给孩子零用钱呢？在此我要说的是给，一定要给，并且要鼓励孩子在合理使用的范围内，用好手上的每一分钱。针对孩子的零用钱，我建议每一个家长应根据自家的经济条件，以每周多少钱的方式，给孩子一定数量能够支配的金钱。这些钱可以用来购买文具，也可以用来购买食物。在使用零用钱的同时，让孩子能够有一个记账的好习惯。这周的零用钱买了些什么，下周计划要买些什么，一个月下来，在哪方面超支了，哪些东西是不应该购买的，孩子心中都要有个数。最初家长可以教孩子怎么记账，等孩子养成记账的习惯之后，自然而然就可以通过账目看到自己有哪些方面的支出不合理了。

再有就是现在过年过节，孩子都会不同程度地收到红包，这些钱也应该专门为孩子建立起一个账户。孩子在使用的时候，家长心里都应有个数，不能完全由着孩子想买什么就买什么。我的一个亲戚就因为没能及时对孩子收的压岁钱进行监管，导致孩子将几千元的压岁钱拿去买了手机。孩子买了手机之后，不敢跟大人讲，而是偷偷地使用。直到有一天家长在孩子的枕头下面发现了手机，才知道孩子动用了压岁钱。家长那一刻气得想打孩子，但孩子却理直气壮地说，钱是长辈给他的，他当然有权支配了。虽然事后通过与商家沟通退回了一部分的钱，但这个事情应该引起做家长的注意。如果孩子账户里的钱数额特别大，家长就应该代为保管，而不能由孩子自己保管。

还有一点值得家长注意的就是，现在手机的普及让孩子过早地接触到了网络，接触到各类电商和一些虚拟商家。就像小枫的儿子，时常要求她通过微信给他转账，进行消费。家长在给孩子微信转账时，一定要弄清孩子用微信支付的是什么，切不可盲目转钱。有些孩子在网上乱买一些游戏币和虚拟的产品，不仅浪费钱，还容易玩游戏上瘾，以致严重影响学习。家长要定期检查孩子的手机，也可以通过手机自带的功能，将孩子的手机设置成儿童模式，或是设置消费金额。孩子无法正常使用手机，自然就不能在网上乱买一些没用的东西了。总之，家长对于孩子零用钱的管理，一定要落到实处，心中要有一本账，不能因为怕孩子受委屈而盲目地答应他们的请求，这样很容易害了他们。

5

树立正确的时间观念

“时间还早，我才不想睡呢！”“妈妈，我不起床，让我再睡一会儿！”“妈妈，我好困！”这话听起来是不是很熟悉？因为大部分的孩子都会在面对早睡和早起要求的时候，说出同样的话。每天早上叫孩子起床是所有妈妈最为烦心的事，往往你这边叫他起床，他刚坐起来，你稍不留神，他又倒头睡了过去。孩子天性爱玩，特别是做完了作业，往往都不肯早睡，想着好不容易把作业做完了，能玩一会儿还不赶快玩一会儿。加上有些家长也是“夜猫子”，不到12点以后是不睡觉的，孩子见家长没睡，于是也会很晚才去睡。这样，孩子睡眠不足，早上自然不愿意起床。

不愿意起床的后果就是上课没有精神（有的孩子甚至还会在课堂上睡觉），这对于身体健康有很大的负面影响，特别是处于发育期的孩子。有一年，我应朋友的邀请去她所教的班级听她上了一堂课。当课讲到一半的时候，只见朋友停了下来，走到教室中间，用手指在一张书桌上敲了几下。一个睡得正香的男同学睡眼惺忪地说："老师，下课了吗？"全班同学都笑了起来。朋友问那名男同学："昨天是不是又睡晚了？"男同学说："老师，我也不想，可是爸爸、妈妈昨天很晚才回家。我不敢一个人睡，所以就……"

下课的时候朋友对我说，这孩子的家长是做生意的，孩子常年没人管。家长不在家的时候，孩子做完作业就盯着电视看个没完，有时会看到下半夜，睡眠长期不足，上课不睡觉才怪呢！我问朋友："那他家长知道孩子经常在课堂上睡觉的事情吗？"朋友说："知道，每次跟他家长说，家长就会把孩子吼一顿，情况会好转几天，但是再往后就又回到老样子了。我能做的就是让孩子尽量在中午趴在书桌上睡一会儿。教育孩子是需要家长和老师一起配合的，仅凭老师的力量是远远不够的，可现在有的家长把孩子一丢到学校就不管了，老师就算是想管，也管不过来。"朋友说这话的时候很是无奈。的确站在她的角度，有些事情她就算是想管，也是心有余而力不足。

朋友的这名学生，就是因家长太忙而没让孩子形成一个时间观念。

都知道早睡早起身体好，然而真正做到的人却少之又少。孩子不愿意早睡早起，这就需要家长给孩子进行时间管理的训练，并且告诉孩子什么时间该做什么事情，白天的时间是用来学习的，晚上的时间是用来休息的。同时还要让孩子懂得时间的重要性，养成珍惜时间的习惯。

还记得小时候妈妈给我讲过一个故事。故事的名字叫《等明天》。

森林里动物们都有自己的房子，只有猴子没有房子。遇到下雨天，大家都回到自己的家里，猴子无家可归，只好到处躲雨。这时它想到了要盖房子，可是一直在下雨，它便对自己说等雨停了一定要盖一所房子。雨过天晴，该盖房子了，可猴子却只顾着玩，把盖房的事丢在脑后。大家问它怎么不盖房子，它总是一句话：“等明天吧！”结果时间就在等待中过去了，明日复明日，小猴子的房子始终没能盖起来。

当时讲完故事后，妈妈对我说：“看到没，这就是不懂得珍惜时间，不知道如何管理时间造成的后果。最终小猴子只能是没有房子住。”妈妈还说凡事不能靠等，时间对于每个人都是很宝贵的，不能让时间从我们的手上溜走。

当时我虽然不太懂得时间的重要性，但是妈妈给我定了早睡早起的规矩，让我严格执行。比方说每天晚上九点半前必须上床睡觉，作业在此之前必须完成。早上也要比别的孩子早起半个小时。这半个小时用来晨读和吃早饭，然后就可以从从容容地去上学。不像有些同学，为了多睡一会儿，匆忙起床后，连早饭都来不及吃就往学校跑。

这样的做法最初我并不能完全理解，为什么一定要在九点半前睡觉？为什么一定要比同学早半个小时起床？当我读到初中的时候，才意识到这样做的好处。那就是我比同龄人更能够有效地对时间进行管理，能够合理地安排属于自己的时间，让时间在我手上发挥更多的作用。

《等明天》的故事，我也讲给女儿听了。女儿最初也和当年的我一样，不完全理解时间的重要性。我就将小时候母亲对我做的这一切，都用在了女儿身上。那就是规定女儿起床和睡觉的时间，并且严格执行。至今女儿已养成早睡早起的好习惯，在班上她比同龄的孩子更能够意识到时间的重要性。好的家风是值得传承下去的。

我们首先要让孩子认识时间，了解时间的长短，了解不同事情花费的时间是多少，知道自己一天当中看电视用了多长时间，写作业又用了多长时间……慢慢地让孩子建立起时间观念。告诉孩子每天的时间有限，让孩子习惯倒计时观念，比方说还有几分就要关电视上床睡觉，还有多久就要出门上学，等等。让孩子学会自己掌握时间，具体来说，就是可以教孩子制定时间计划表。每一个时间段需要做什么事情，可以用不同的色彩笔写下来，做完了便在后面打勾。这样一来，孩子的兴趣也会被调动起来。每一天的每一个时段是用来做什么的，就一目了然。到了该上床睡觉的时间，是不是就该打个勾，安心睡觉去了呢？孩子因有了这样的量化表而知道自己要做些什么，家长也不用总是对孩子唠叨。长此以往坚持下去，孩子的时间观念就会越来越强，也就不存在不愿意早睡、不愿意早起的现象了。

良好的作息时间管理是孩子迈向自我管理的第一步，家长一定要督促落实。让孩子形成时间观念，对于他们日后的学习、生活大有裨益。

第 3 章

丢掉手中的电子产品

面对电子产品，孩子会和大人一样，禁不住诱惑，深陷手机和电脑游戏而无法自拔。有些孩子对电子产品成瘾，且成瘾越来越趋低龄化，实在令人忧虑。是时候让孩子丢掉手中的电子产品，还孩子一个健康的童年了。

1

从对电子产品说“不”开始

公交和地铁上见到最多的场景就是，几乎每个人手上拿着手机在低头看着。

现在几乎人人都有一部智能手机，包括我们的孩子。有家长会说，给孩子使用手机就是想着孩子外出时，能够与家里保持联系。

家长的初衷是好的，但却没能意识到当今智能手机对孩子所造成的负面影响。在手机给孩子和家长带来便利的同时，也让孩子一步步地沦陷了进去。看过一则报道，一个孩子为了在网上买游戏币，将妈妈支付宝里的钱给转走了。妈妈得知情况后，联系到游戏公司想讨回这笔钱，却被告之作为虚拟产品，使用了就是使用了，无法讨要回来。

这就是典型的对孩子手机管理不当造成的后果。

我表妹的儿子读小学一年级，也是一个游戏迷，以往我见到他的时候，他总是拿着手机靠在沙发上打游戏。表妹当初让孩子接触手机是因为有一回孩子生病要输液，输液室里大多数孩子都拿着手机在看电视或者玩游戏。为了让孩子不至于无聊，表妹便也拿出手机让孩子玩游戏。哪知道输完液后，小家伙不肯放下手机，一副意犹未尽的样子。连着几天在医院，小家伙对手机已然放不下了。从那之后，孩子隔三岔五就找表妹要手机玩。起初表妹认为偶尔给孩子手机玩玩没事，没想到时间久了，孩子居然越玩越内行，甚至有一回居然用手机余额购买了游戏装备。表妹气得要打孩子，被孩子的奶奶拦住了。奶奶说："这能怪谁？你要是不给他手机玩，他会这样吗？"

事后表妹对我说，没想到孩子对电子产品成瘾这么快，现在就是你不让他玩，他还会偷偷地将手机拿来玩。为此我对表妹说，既然已经知道他玩手机成瘾了，就要采取措施帮他戒掉电子产品。

"好戒吗？"

"看你是不是下狠心让孩子戒掉。"

“那是肯定的，现在我都后悔死了。我感觉这孩子现在一天不拿手机玩一会儿，一天就心神不安。”

“那是因为他已经对电子产品有了依赖，从而对其他的事情都没有了兴趣。现在你所能做的，就是在生活中调动起孩子其他的兴趣。比方说尽量少在孩子面前拿手机，多带孩子到户外走走，转移兴趣目标。用时间来消磨孩子对电子产品的依赖，久而久之就会收到好的效果。”

“就这么简单？”

“你不要看着简单，真正操作起来，还是有难度的。就像现在的你，能忍住一天的时间不看手机吗？别说一天，我想一会儿你都受不了吧？”

“的确，现在我是每隔一段时间就要看看手机，不看就不舒服。这人简直就像是生病了似的。看来我也得要戒戒手机瘾了。”

表妹说得没错，大人也应该戒掉手机瘾。

我们要想让孩子对电子产品说“不”，就要在孩子面前尽量减少看手机的次数。不能你要求孩子远离手机，可你却在孩子面前频频地看手机，发朋友圈，看小视频。不要忽视自己的行为带给孩子的影响，更不要让孩子发现你背着他玩手机——这会让孩子觉得你言行不一。

在孩子面前，你可以看看书、听听歌等，给孩子营造一个健康良好的家庭成长环境。多些陪伴给孩子，因为亲子间的这种关系也是有有效期的——当他大了，你即便是想陪他，他也不需要你了。

电子产品不仅会消磨孩子的意志，还会影响到健康。有资料表明，现在孩子近视呈上升趋势，这与儿童使用电子产品有着直接的关系。有些孩子在看手机或者平板电脑的时候随意靠在沙发上，这会对脊柱造成一定的压迫，对身体的发育有危害。所以让孩子对电子产品说“不”，是对他们的成长负责，对他们的健康负责。

表妹在经历了一个月的时间后，终于让儿子摆脱掉了手机成瘾症。她说这一个月，她用尽了一切办法让孩子戒手机瘾。白天孩子上学接触不到手机，她是放心的。放学回来，她和孩子爸爸便将手机锁在抽屉里，两个人谁也不用。起初大人都受不了，心里会时常惦记。当然大人还是有最基本的约束力的，虽然受不了，但能够忍住。而孩子一回家就找家长要手机，二人便说以后家里谁都不允许玩手机。孩子起初又哭又闹，二人始终不为所动。孩子哭累了，闹够了，夫妻二人便试着转移孩子的注意力。常常是等孩子做完作业后，一家三口外出散步。散步的时候，表妹便会给儿子讲一些寓言故事。孩子的爸爸则会带着孩子做些运动，比方说打球，或者是学骑自行车，总之就是与手机绝缘。一个月后，小家伙似乎忘记了手机这档子事，当然他们夫妻二人，至此再也不在孩子面前玩手机了。

有资料表明，孩子对手机成瘾的年龄越来越小。所以家长在发现孩子有这个苗头的时候，一定要及时掐断，不要等孩子陷进去再去管，那样难度就大了。当然电子产品不仅包括手机，一些手游之类的游戏机，也应该让孩子远离。总之，玩物丧志，家长一定要给孩子提供一个良好的学习成长环境，让孩子健康发展。

2

用好APP做作业，也要管好APP

当我走进房间里，见女儿正在平板电脑上不停地点着。她见到我后很紧张，而我刚才用余光看到她正在关闭一些窗口。我问她是不是真的在做网上作业，她小声说："妈妈，我只是看了一会儿《叮当猫》。我刚才一直在做作业。"

"真的只是看了一会儿《叮当猫》？"我将平板电脑拿了过来，翻看她的浏览记录，发现她不仅看了动画片，还通过QQ和同学聊天。那一刻我很生气，把平板电脑强行关机了。

女儿见我这副模样，吓得哭了起来，说："妈妈，我再也不敢了，可是我今天的网上作业还没做完，明天老师要批评的，你把电脑还给我吧！"

“怕批评为什么不早做？还在上面聊天！你知不知道时间就被你这样给聊没了？”那天我与她僵持着，我不交平板电脑，她在一边哭个没完。当时先生进来，将女儿拉到外面小声说了起来。

没一会儿工夫，女儿进来了，说：“妈妈，我错了，下回再也不这样了。我刚才就是没控制住自己。我保证今后不再犯了。”先生也过来打圆场，说孩子小还是给一次机会吧。话说到这个份儿上，我只好把平板电脑还给她，并规定了完成的时间。女儿在我规定的时间内完成了作业，并且再次保证以后一定不再边做作业边干别的了。

不得不说这网上APP作业有好的一面，但也有让家长担忧的一面，就是孩子总是以此为借口将平板电脑拿去做些无关紧要的事情。

那天女儿做完作业，我问她，为什么就克制不住自己去看平板。她对我说，其实她也不想这样，可是手不由自主地就点上去了，还说班上好多同学都是这样，边做作业边和同学聊天。我一听心想，这网上作业还真是有着太多的隐患。

其实对于老师给学生布置APP作业，我是不赞成的。本来孩子的约束能力就差，有一点风吹草动就会走神，有家长陪伴的孩子还好一点，一旦少了家长的监控，那么很有可能孩子会以上网做作业为由，拿着手机或者是平板电脑做一些其他的事情。当然最初老师在班上说要布置这类作业的时候，家长的意见不一，有的家长比较赞成，认为这便于家长辅导孩子学习，也能提高孩子的学习兴趣。有家长和我是一样的意见，认为孩子过多使用手机，对视力和颈椎都不好，况且孩子不见得会把所有的时间都用来做作业，很容易分心做一些和学习无关的事情，未免得不偿失。

再拿我的女儿作例子。我明明看她在网上玩游戏，玩得不亦乐乎，但她却说那是作业里的游戏。对此，我无话可说。偶尔她还会故意拉长网上作业的时间，你明明看她在做，但却没有效率。我和其他家长沟通过，多数家长和我的看法是一致的，认为这网上作业的确在某种程度上会让孩子对平板产生依赖，可又没有有效的办法去约束。

不过在一次和女儿同学家长聊天的过程中，我得知有些家长在面对网上作业的时候，会要求孩子像做书面作业一样，严格控制时间，时间一到就收平板。

女儿同学小丽的妈妈就是这样做的。每次她都要求女儿回家后的第一件事情就是做网上APP作业。首先她会目测一下老师当天布置的作业用时大约需要多久，做到心中有数，然后她将平板电脑交到女儿手上。规定的时间到了，她会将平板收上来。如果女儿没有完成作业，她会和女儿分析，究竟是因为题目难度大，还是因为女儿贪玩。如果真是题目难度大，她会和孩子共同探讨，完成作业。如果是因为孩子贪玩没做完作业，她会罚女儿同样的题目再做一遍。她说经过一个学期的“整治”，她的女儿能够准时完成APP作业，并且能够管理好自己，不去干与作业无关的事情。

不过也有些家长说，小丽听话，可以这样管，况且小丽的妈妈也有时间管，可多数家长怎么可能时时盯着孩子呢？

的确，多数家长下班后，还要忙家务，根本无暇去目测孩子的作业量，更无法顾及孩子在网上究竟做什么，更别谈孩子遇到难题，家长能够一起分析面对了。这种情形，该怎么应对呢？

后来在一次开家长会的时候，我们对老师说了网上作业的顾虑。老师说现在全国都是这种模式，虽然网上APP对孩子会有一些影响，但如果家长监管到位，这些情况是完全可以避免的。老师说她们布置给学生的网上作业，基本上半个小时内就能完成，个别学生不超过一个小时。老师还建议家长在APP上通过家长管理模式对客户端及其功能做一些限制，这样一来孩子就只能做与课业有关的事情，从而有效地降低孩子长时间使用电子产品的频率。老师还说在家时一定要控制孩子上网的时间，要做到对网上作业的时间长短心中有数。在做网上作业的时候，家长最好陪伴孩子使用电脑、手机。这样就可以限制孩子浏览和获取与学业无关的信息。老师还特别强调说不能把平板电脑、手机扔给孩子，让孩子自己去做，而不闻不问。这样做的后果，只会助长孩子长时间玩电脑的不良习惯。

那天我看着女儿，进行反思，的确是自己在某些方面做得不到位。

平日里只要我有写稿工作，就会对女儿玩电脑睁一只眼闭一只眼，想着只要她不来打扰我就行了。致使女儿只要是一有机会就会打开视频看动画片，或者做其他与作业无关的事情。看来每天监督孩子的网上作业是非常有必要的，家长不能因为嫌麻烦，怕耽误自己的事情，就任由孩子拿着平板自己去完成作业。同时老师说的方法也应该一并实施，该限制的一定要限制。

既然网上APP作业已经成了孩子课业中不可缺少的一部分，那么就让我们时时处处给孩子做一些限制。从时间的限制到客户端功能的设置，以及网络的设置，让孩子既能有效地完成作业，又不至于对电子产品产生依赖。如此，才算是正确利用了智能化电子产品带给我们的便利。

3

手机惹的麻烦，从根源上管住

朋友妮子发了条朋友圈引起了我的注意，视频里妮子的女儿正在哭闹着，妮子这时连忙将手机递给了女儿，没承想小姑娘居然不哭了，拿着手机摆弄起来。妮子在下面留言说，这么小就喜欢上了手机，不仅会拍照，还学会了打电话。妮子的言语间满是喜悦之情，下面还有许多朋友也在点评，都说小孩子太聪明了，还有一个网友夸妮子的女儿是个小天才。可我却不禁为她担忧起来，心想这么小的孩子就已经对手机产生了兴趣，那么再过几年，是不是又成了铁杆手机控呢？那时，想戒可是难了！

那天正巧我在楼下散步，遇到了妮子，她也带着孩子在小区里玩。于是我便将自己的担忧对妮子说了，可她却笑着说：“你啊，凡事就喜欢大惊小怪，多大的孩子，怎么会上瘾？”在聊天的过程中，她一直认为我是杞人忧天，可我却真的为她着急。就在我与她聊天的时候，妮子的女儿在一旁哭了起来，妮子哄了半天都没能哄好。小姑娘一个劲儿地说：“我要回家，要找光头强！”妮子听后连忙说：“妈妈现在带你去游乐场玩，光头强咱回来看好不？”小姑娘就是不依不饶，非要回家拿妮子的手机看动画片。我说：“看到没，这孩子已经对手机产生依赖了。”妮子无奈地说：“真的吗？她在家有时也经常会这样，忽然间想到要看手机，就一定要拿到手，不然就不停地哭闹，给了手机才算罢休。”

那天我和妮子轮流哄，总算是把小姑娘给哄好了，不再闹着要看动画片了，而妮子也觉得我刚才说的话还是有一定道理的。

我接着对她说：“现在孩子还小，你可以哄得住，再大一点恐怕就真的不好哄了。还有就是不要以为孩子会用手机拍照，会发朋友圈，你认为好玩，就放任下去，殊不知很多孩子对手机着迷，就是从这一件小事来的。现在的你一定要尽量少让孩子接触这类产品，多带孩子接触一下大自然。”我对她讲了表妹儿子手机上瘾的事，讲了我身边有些孩子因玩手机而将妈妈支付宝上的钱转出的事，还提到了当今有很多孩子因手机成瘾而接受专业医生心理治疗的报道。妮子听后若有所思地说："你要是不提醒，我还真没想那么多。我只是觉得好玩，加上孩子一闹，只要拿手机就能哄好。看来今后真得要注意一下了。"

从那之后妮子不再让孩子动手机了，孩子哭闹就拿玩具哄哄，实在不行就抱到楼下小区游乐场转一圈，或者是给孩子讲故事。总之，手机不再是哄孩子的工具了，而小孩子经过一段时间之后，对手机也没有太大的兴趣了。妮子事后对我说，幸好提醒得及时，让孩子及时摆脱了手机的危害。可小区里有几个孩子，现在已经对手机完全依赖了，如果家长不给手机，就会哭闹个没完，怎么哄都不管用，索性只好由着孩子玩手机。

或许有些家长会说，孩子小，不用手机就不用手机，但是等孩子大了，使用手机是避免不了的。

的确，孩子大了，有时外出或者去同学家玩，手机在手确实是方便了和家人联系。在此我想说的是，用手机可以，但一定要有所限制，不能让孩子随意使用上面的各种应用软件，特别是要从根源上杜绝一切不良的行为。

我有一位朋友，对于孩子使用手机就有着严格的控制。他对我说虽然家里有几部淘汰了的苹果智能手机，可是他却一部都不给儿子用，反而花了100元钱给儿子买了一部只能打电话的老人机。儿子起初不用，还说家里又不是穷得买不起一部智能手机。他没有因孩子的这句话而对孩子解释什么，只是对孩子说手机要用就用，不用他也不强求。直到有一天儿子因外出和同学要联系，只好将手机拿出来使用。虽然孩子事后说同学都笑话他，但朋友却不为所动。

朋友跟我说，孩子就是这样的，你给他什么样的生活，他就只能接受什么样的生活，你若是凡事由着他，那么只能被他牵着鼻子走。我问他平时孩子不玩手机不看电视，那做什么。朋友说：“看书啊！我就是逼着他养成看书的习惯。”听了之后，我觉得朋友才是最为明智的家长，懂得让孩子从书本中寻找快乐，懂得让孩子在阅读中感受到内心的愉悦。

现在有些家长，生怕孩子在外人面前丢面子，买手机还要给孩子买最好的。其实前面我说的那位朋友，是一家地产公司的老总，论经济条件他应该算是相当不错的，买部高档的智能手机完全不成问题，可他却选择了给孩子买老人机。他之所以这么做，就是培养孩子养成一个良好的阅读习惯。

所以说，家长可以给孩子买手机，但千万不要买太高端的。想想看，孩子拿着最好功能的手机，却做些与学习无关的事情，甚至还会通过网络接收到一些不好的东西，你的钱花得值吗？这样还容易助长孩子的攀比之风，对他们的健康成长有害无益。

我曾在商场里见到过这样的场景：家长带着孩子买手机，孩子专挑贵的买，说贵的手机功能强大。家长虽然不想买，但是拗不过孩子，只好掏钱买了。每当看到这种事情，我就想：做家长的在孩子面前完全是没了办法，以至于凡事都由着孩子，这不是爱孩子，而是害了孩子。

手机会惹麻烦，家长要从源头管住，并且有效地去监管孩子使用的频率，甚至干脆在孩子低龄的时候，不买智能手机。我就见过有些家长给孩子买电话手表，这是很好的，因为电话手表上没有过多的应用程序，孩子也不会因此而过多地去关注。况且手机对于孩子来说只是用来与家长取得联系、用来通话的，用太高端的也实在是没必要。

4

设置家庭网络的“儿童模式”

现在家家户户都安装了宽带，网络对于现代人来说，就如同水电一般，是再平常不过的事情。可是你想过没有，正是因为网络现在无处不有，令我们的孩子稍不留神就会掉入其中无法自拔，不仅影响学习，还会影响到他们对待事物的正确看法。现在上网呈低龄趋势，我国19岁以下的网民截至2016年底已经达到1.7亿人。这说明现在的孩子，都已慢慢地成为网民的主力军，所以，对于家庭的网络设置与监管，可以说是刻不容缓。

就在前些天，楼下的豆豆跑到我家，对我说：“阿姨，我家的网坏了。我网上作业还没完成，能不能在你家上网做作业？”还没等我说话，豆豆便问我家里Wi-Fi密码是多少。先生这时很热情地走了过来，笑着说：“来，叔叔帮你连接。”我瞪了先生一眼说：“豆豆，阿姨家的网现在也有问题，一样上不了。”豆豆听后很失望地离开了，先生连忙问我：“你这是怎么了？孩子用一下网，你也不愿意？”我说：“你看看我手机上豆豆妈发来的信息，你就知道我为什么不让豆豆在咱家上网了。”先生一看不禁笑了，原来豆豆妈早就知道豆豆会到我家来蹭网，就给我发了信息，让我不要将密码告诉他。

那天先生对我说，现在的孩子真是太精了，家里把网络断了，就找借口跑别人家蹭网，还打着做作业的借口。我说这是大人被逼得没办法了，只好将网络给断了，但凡有法子，谁没事把网络给断了。先生若有所思地说，现在真拿这些孩子没办法，他们对于网络的迷恋，比大人还要执着。先生说有一回他在路上见一个小孩拿着手机只顾着打游戏，完全不看前面的路，一下子撞到了树上。他说这还只是撞到了树上，要是前面是辆行驶的车，后果不堪设想。

是啊，因为看手机发生交通事故，或者是遭遇其他安全事故的案例不在少数。

网络是个好东西，但是如何正确使用，的确是值得家长深思的问题。

后来我碰到了豆豆妈，她对我说，之所以将家里的网络给断掉，是因为孩子总是趁家长不在家的时候，在电视上点播一些收费的节目，同时还会玩手机游戏，一玩就是好几个小时，完全没有节制。

有一回放暑假，豆豆妈上了一天班，回到家后，发觉豆豆一整天的时间除了做了两页暑假作业，一直都在玩游戏。豆豆的外婆向豆豆妈抱怨，说豆豆一整天都靠在沙发上打游戏，饭也不好好吃，作业也不好好做，说他两句，他居然说外婆什么都不懂，让她不要来管他。最终外婆索性也不管了。也就从那之后，豆豆妈把豆豆的手机设置成了儿童模式，网络电视除了大人在家的时候打开观看，其余的时间，家里的网络都会选择关闭。于是也就出现了豆豆跑我家来蹭网的事情。原来豆豆早在妈妈把网络关闭以后，就开始拿着平板电脑跑到邻居家蹭网。后来邻居与豆豆妈聊天，无意间提到了这件事。豆豆妈知道以后，就和小区里相熟的人都打了招呼，就是豆豆无论去谁家，都不能告诉他Wi-Fi密码。

豆豆妈对我说，之所以这样做，就是想给孩子一个没有网络的空间。她说，咱们小的时候，没有网络，没有手机，可是童年过得依旧很快乐。

的确，当时的孩子做完作业在楼下疯跑一通，或者是仨俩成群地在一起做游戏，就觉得幸福得不得了。现在的孩子物质条件好了，可是幸福感却越来越低，动不动就对着家长抱怨，说自己一点都不开心。似乎他们短暂的开心，都只在打游戏的时候，一旦离开了网络，就又陷入无聊之中。这些都与过度地在网上消磨时间有关系。

豆豆妈只是想让孩子脱离网络，不让孩子掉入网络黑洞之中，给孩子一个远离网络的单纯的童年。

从那之后，我时常看到豆豆妈带着豆豆在小区做户外活动，偶尔她也会带孩子外出旅游，或是利用假期送孩子去乡下的奶奶家。她所做的目的就是希望孩子能够多接触大自然，而不是被网络包围。经过这一系列的调整，豆豆对于网络不再像当初那样执着了。

比尔·盖茨在女儿求学期间，同样严格限制女儿使用电脑，不允许孩子长时间上网。他并不反对孩子接触网络，但决不让女儿被网络控制，沦陷为“网虫”。他对女儿的要求是，每天只有在完成作业后，才能玩45分钟的电脑。他主张孩子必须把精力放在学习上，学习完后才能玩，玩也要玩有意义的，而不是整天无所事事地在网络上虚度时光。

看来无论是普通人，还是名人，在对孩子教育这个问题上，都有着共识，就是该控制的一定要严格控制，绝不含糊。

由此，我对家里的网络担忧起来。虽然女儿现在对于网络的依赖还不算大，但是如果长此不加以监管，势必会造成一定的影响。于是我和先生在家也开始对家里的网络实行监管，就是孩子在规定的时间内使用网络，我们也是一样，一旦网络使用完，便将其断开，不允许贪恋网络。

一家人在没网络的时候，一起看书、下棋、做手工。原以为这样的生活会很无聊，然而一段时间下来，不仅亲子关系加深了，就连我和先生之间的感情也比以前更好了。以前我和他可是一部手机管一天，谁都不愿找谁聊天，我记得我还曾对他开过玩笑，我说现在手机才是他真正的老婆。他当时也反过来说我，说我一拿起手机，就六亲不认。现在由于适时断网，我们对网络的依赖症也消除了。这真是一举两得的好办法。

家庭网络的使用，必须要有一定的监管。网络使用得当会让我们的生活和学习都朝着更好的方向发展；若使用不当，说它是洪水猛兽一点都不为过。家长务必意识到这一点，避免孩子染上网瘾。

5

做好网络视频的“防火墙”

近几年网络上的各类短视频已成为人们生活的一部分，大家都喜欢在空闲的时候看看，甚至还有一些引领时尚的人自己拍些小视频发布在网上，以获得更多粉丝的关注。而我们的孩子多多少少也会接触到这类视频，有些孩子还会模仿视频里的动作，不仅存在一定的危险性，看起来也十分不雅。所以，家长若不正确引导，任由孩子沉迷于看视频，无疑对孩子的健康成长不利。

朋友汪楠家的女儿就是一个抖音爱好者，小姑娘常常喜欢自己拍小视频发到网上，并且拥有了一些粉丝。最初汪楠并不知道女儿喜欢看抖音、拍抖音，一次他无意拿起女儿的平板电脑看新闻的时候发现了女儿的这个秘密。当他点开视频的时候，简直惊呆了，女儿拍的视频居然是告诉大人如何化妆。视频里的女儿，边说还边在脸上示范，说得还像模像样，那神态完全不像是一个孩子。

汪楠呆呆地看着电脑，然后将妻子叫来，问她是否知道女儿在录视频。妻子也是一脸的疑问，后来想了想说，有一次自己与好友视频聊天时教对方如何化妆，没想到女儿居然就学会了，还录了小视频。女儿不仅录了教人化妆的视频，还录了一些搞怪的视频。

那天夫妻二人意识到了事情的严重性，便问女儿视频是怎么回事。女儿起先不承认，直到汪楠将视频打开，小姑娘才喃喃地说："人家只是好玩，有什么大不了的。"

汪楠说："那以后咱就不玩了，将心思多用在学习上。"

没想到女儿居然大声问："为什么不能玩？我们班的同学都在玩，我为什么不能玩？"

汪楠也急了，他说："你没看看你拍的是些什么东西！有这工夫，多看看书！"

父女二人吵了起来。汪楠的妻子连忙在中间调解。

那天汪楠将女儿的平板电脑收了，不再让她使用，还注销了她的账号。小姑娘气得说汪楠是坏爸爸，再也不喜欢他了。

不仅如此，她还整天在家里发脾气，让汪楠将平板电脑还给她。但汪楠坚决不再让女儿使用平板电脑。

事后汪楠对我说，他是不知道该如何去教育孩子不看视频，所能做的就是从源头上堵住，让她接触不到电子产品。

汪楠的这一做法有些极端，父女间的感情也受到了影响，家庭气氛一度很压抑。这时汪楠的妻子想到了一个办法，就是不让女儿上网，但应该给她提供另一个娱乐的环境，不然她会因此对家长产生怨恨。

汪楠的妻子决定每天在家里进行诗歌朗读，夫妻二人买了许多中外经典，一家三口每天都会抽一个小时朗读。汪楠说自己的女儿其实很有表演的欲望，不然也不会拍视频上传。他将女儿朗读诗歌拍成了视频，存放在电脑里，说等女儿大一点后，让她自己决定是否上传到网上。女儿听了也觉得这个办法好，还说以后等自己的古筝弹好了，让汪楠给她录古筝视频。汪楠妻子的这一招既控制了女儿不再使用平板电脑，又让女儿有一个表演的平台，同时对孩子来说，通过朗读感受到了诗歌的魅力，远比每天在网上看无聊的视频有意义。

和汪楠的做法不同，我的同事大年发现儿子沉迷抖音后，没有没收孩子的平板电脑，只是让他卸载了里面的抖音软件。

大年的儿子也是一个抖音控，每天都会在网上看小视频。

大年起初也是不知道，后来在与同事聊天的时候，同事说了句网络用语，大年没听懂，没承想儿子跑过来解释给他听。同事笑大年，说儿子都比他时尚，他OUT了。直到那时大年才知道，儿子看抖音已有大半年的时间了。

大年让儿子将软件卸载，可是孩子却说别人都玩自己为什么不能玩。大年的儿子属于那种自尊心很强的孩子，个性也很倔强，大年心想强行卸载肯定是不行的，得想个办法才行。大年想到了妹夫，因为儿子最佩服的人就是当警察的姑父。于是大年决定利用妹夫做文章。

几天后大年便对儿子说，姑父单位下了通知，说是未满18岁的孩子，国家规定不能看抖音，不然家长就要交很大一笔罚款。儿子听后起初不信，大年便联合妹夫一起骗儿子。儿子相信了，问大年，自己到了18岁是不是就可以看了。大年说，等你18岁了，就能分辨是非了，到时候你再决定看还是不看。

大年后来和我聊起这件事情的时候，说："我是被逼得没办法了，只好先骗他相信再说。让孩子摆脱抖音后，我比以往有更多时间陪伴他，带他去图书馆、科技馆、游乐场等，一步步地转移他的兴趣。"

大年骗儿子，虽然不值得鼓励，但也是被逼无奈。不过他的这个办法也有不好的地方，就是随着孩子一天天地长大，迟早有一天会明白事情的真相，到时大年少不了又得要耗一番心思与孩子斗智商。

我们无法杜绝一些无益于孩子健康成长的视频传播，但是可以在源头做好拦截，做好网络视频的“防火墙”。我们要时时关注孩子的动向，多抽时间和他们聊天，了解他们内心在想些什么，这是我们保证孩子健康成长的责任和义务。

6

不盲目跟网络之风

前段日子我的同事兰芝问我知不知道什么是“冷无缺”，我一听愣了，问她什么叫“冷无缺”。她说这是现在网上最新的语言，意思就是“冷漠、无理想、缺乏信仰”。

我说：“哟，不错啊！你还挺时尚，还懂这么多的网络语言！看来我是落伍了。”

兰芝叹了一口气说：“别提了，这是我女儿告诉我的。那天我说她作业没做好，谁知她居然莫名其妙地冒出这句话，说我是冷无缺。你说现在这孩子都怎么了？心思都不用在学习上面，这网络语言一学一个准。”

那天兰芝说现在她和女儿沟通的时候，女儿总是会说她不知道网络语言，已经跟不上时代的发展了。她还说现在和同学之间的交流，很多时候都会说一些网络语言，如果在班上你不会说网络语言，就会被视为异类。

兰芝很担心这种不良现象会在班级里蔓延开来。

“好好的汉字，非要扭曲成其他的意思。胡乱拼凑的词语对孩子的负面影响其实是很大的。”兰芝说。

兰芝说得没错。有时我外出坐公交车，经常会碰到放学的孩子在聊天中使用网络语言。我站在旁边听，完全听不懂。

兰芝是个较真的人，她认为这样下去自己的孩子会被毁掉。为了这事她还特意找了孩子的班主任，想彻底解决这件事情。我问她：“老师是怎么解决的？”兰芝说：“班主任也觉得这类语言对于孩子是有着不良影响的，只不过让老师没想到的是，班上居然有那么多孩子都在使用。于是特意上了一堂关于如何正确看待网络语言的课，还专门请了几个家长代表去听。家长们和我的想法是一致的，就是一定要杜绝孩子使用这些不良的网络语言。”

在那之后，班主任开始在班上发起了经典诵读的活动，谁背的诗词多，班主任就会在班上点名表扬，甚至还有物质奖励。

兰芝说，还是老师教学经验丰富，懂得让孩子将兴趣转移到书本上来。在班上举行经典诵读活动，目的就是让学生多读经典诗句，不盲目跟从网络之风。

我不得不说这个老师的做法的确值得推广。她让孩子们重读经典，打压了所谓的网络语言在班级里的传播。而兰芝这样的家长也值得表扬，她在发现了自家女儿的问题之后，能够主动与班主任沟通，这样对于净化整个班级的语言环境都起到了好的作用，并且将班级里的不良之风顺利地扭转过来。

和兰芝的女儿喜欢说网络语言不同，吴凯的儿子小毛豆热衷于追逐网络上的最新玩具，只要是出了最新版本的机器人，他都会让吴凯给他买，还说玩就要玩最新版本的。跟风的最直接后果就是小毛豆从来不爱惜买回来的东西，一件玩具只玩几天就不再玩了。

吴凯说家里有一大堆淘汰的玩具，看着真是可惜。我对吴凯说："你可以选择不买啊！"吴凯无奈地摇着头说："你以为我想买？我要是不买，他就会找两边老人告状。我家那四个老人，对孩子溺爱得要命，只要孩子提要求，一定答应。有时还会偷偷地把钱给孩子。"

吴凯还跟我说，有时他也和毛豆妈商量，这样下去不行，可是毛豆妈却认为孩子追求时尚没错，说明孩子聪明，再说挣钱不就是给孩子花的吗，没必要较真，只不过几个玩具而已，孩子又没花大钱。

夫妻二人的教育观念不同，对于孩子的教育达不成一致，一度让小毛豆也觉得爸爸对自己不好，还是家里的其他人对自己好。吴凯感觉到自己被家里的人孤立起来了，谁都不听他的。为此夫妻二人时常争吵。

事情出现转机是在半年后。

有一天小毛豆看到楼下商场又出了最新款的玩具，没有和家长打招呼，就从妈妈包里拿了钱直接去买。毛豆妈得知情况后，才意识到情况的严重性——才多大的孩子，就敢从家长的包里拿钱买自己要的东西！这长大了还得了吗？

吴凯趁机将妻子拉到自己的战线上，对妻子进行一番说教。妻子也觉得长此下去对孩子的成长有害无益，于是便禁止小毛豆再买新玩具。他们对孩子说，买玩具可以，但是不能盲目地买最新版本的玩具。同时买玩具也得需要条件，比方说考试取得了好成绩作为奖励可以买一个玩具。孩子起初不同意。可是由于夫妻二人统一了口径，另外也对双方老人说了事情的严重性，让老人们知道以往那样对待孩子是不对的。一家几口态度一致，小毛豆只好接受。

经过这件事情，吴凯对我说，从今往后，他会尽量让孩子少接触网络，不盲目跟从网络之风；给孩子多些陪伴，引导他形成正确的价值观，更好地担当起教育帮助孩子健康成长的责任。

第 4 章

做好规划，让自律成形

让自律成形，就是给孩子定规矩，做一个有自控力的人。然而光有规矩不遵守，自律成形也是一纸空谈。这就要求家长要让孩子主动做好规划，身体力行，落实到学习和生活中的方方面面，让孩子从小养成自律的好习惯。

1

析利弊，定规矩

这里所说的析利弊，就是分析一件事情，一个习惯，是否会对孩子的自律造成影响。对孩子有利，就一定要坚持贯彻下去；对孩子有弊，就要尽快让孩子远离。自律的养成少不了要规范一些行为，也就是家长要给孩子定规矩。当然在给孩子定规矩之前，要告诉孩子这个规矩定的目的是什么，出发点是什么，让孩子明白这个规矩不是故意要束缚限制他，而是有助于他形成一个好的行为习惯。

新东方的创始人俞敏洪就曾说过，家长一定要学会给孩子定规矩：

什么样的规矩是“规矩”呢？比如，从小到大，我母亲都坚持一个对我要求的“规矩”，就是每天早上去上学以前，要把地给扫干净，把床上的被子给叠起来，没有商量余地的，不做好就不要去上学。

所以，从小学一年级开始，一直到高中毕业，这件事情就没有变过，没变过的结果就是我养成了非常好的习惯。

是啊，一件事情坚持到了最后，就成了习惯，自律性自然就形成了。

我们要告诉自己的孩子为什么要定这样的规矩，要让孩子做这件事情的时候心服口服，而不是心不甘情不愿地被动去做。比方说收拾房间，我们就要让孩子知道，他也是这个家庭中的一员，有义务帮着大人打扫房间，就像是在学校里，学生也有义务在教室做卫生。这个规矩其实早在幼儿园时就已有了，原本就该是孩子自己要做的事。可现在有太多的家长，总是以孩子小为理由，舍不得让孩子受累，从而不让孩子做一些在他能力范围内的事情。我还见过有些家长，为了让孩子免去在学校做卫生，自己亲自去教室帮着打扫，于是大人在教室帮着孩子做卫生，而孩子呢？则坐在一边玩。这样的做法对孩子有着极为不利的影响，孩子会认为这事就应该是大人做的，与自己无关。一旦这个观念巩固了，你再让孩子去做这些事情，他就认为这不是他的事，是你的事，从而拒绝。

表妹的儿子刚上小学一年级，表妹便给儿子定了一些规矩，要求儿子每天早上起床后必须自己洗漱，自己把床收拾好，自己整理书包。姨妈得知后认为表妹对孩子太苛刻了，说孩子还小，有些事情做不了，大人能帮一把还是要帮一把。但表妹却说这是定下来的规矩不能变，要是变了，要这个规矩还有什么用？姨妈拗不过表妹，但又心疼外孙，常常跟在孩子的后面想帮点什么忙。

有一天早上，孩子正准备去洗漱，姨妈跟了过去，说：“来，外婆帮你。”但孩子却很认真地对姨妈说：“外婆，妈妈说了，自己动手对我有好处。这是我们家的规矩，不能变。再说了你要是帮我洗，妈妈知道了会惩罚我的。”看着孩子一本正经的样子，再看事情做得还不错，姨妈不禁感慨地说：“看来，给孩子从小定规矩是对的，没有规矩不成方圆。”

的确给孩子定规矩是对的，当今太多家长都没能意识到这个问题。有的家长觉得孩子干得又慢又不好，有的家长认为孩子做不好，误事，倒不如自己代劳。可是不知道在代劳的背后，却剥夺了孩子的动手能力，剥夺了孩子成长的权利，让孩子变得不懂得感恩，不懂得尊重家长的劳动成果。

还有一件事情让我印象深刻。

同学聚会的时候，一群小孩子围坐在小桌子前玩，服务生端来了一盘糖果。有些孩子上前就抓了很多，不停地往嘴里面塞，有些孩子边抓还边往口袋里装。只有一个孩子，我见她只拿一颗糖。我很好奇，便过去问她："小朋友，你不喜欢吃糖吗？"她说："阿姨，我喜欢吃，可是妈妈说了，我一天只能吃两颗糖。我现在吃一颗，下午回去的时候，妈妈还会再给我一颗吃。"正说着，同学小琳走了过来，她笑着对我说："这是我女儿。"我说："你女儿好听话啊！"小琳说："她很小的时候，我就告诉她，糖可以吃，但一天只能吃两颗，吃多了不仅牙会疼，还会长虫牙。于是在我家吃两颗糖的规矩就这样形成了。现在就算是我让她多吃，她都不吃了。"

看着如此懂事的孩子，不禁让我觉得定规矩对孩子的影响实在是太大了，它让孩子在不知不觉中养成了自律的好习惯。

小琳说女儿也有忍不住的时候。那是在一次逛超市的时候，女儿拿了一包彩虹糖，当第二颗吃完，想吃第三颗的时候，小琳说今天不能再吃了，再吃就要受罚了。但小琳的话还没说完，女儿早已将糖丢进嘴里吃了起来。那一刻小琳阴着脸对女儿说："今天你犯规了！当初你是怎么对妈妈说的？犯规了是不是要信守承诺今晚一个人睡呢？"她说女儿当时就哭了，说：“没妈妈陪睡，我会害怕的。”看着女儿哭得伤心，小琳说当时自己的心真的软了，但是一想，如果这一次依了她，那么肯定还会有下一次，那么自己所说的话孩子就不会当真了。于是那天她还是狠下心来让女儿自己睡。从那之后，孩子明白了犯规后果的严重性，懂得认真守规矩了。

当然各种各样的规矩，我们每天一定要和孩子多说几次，让孩子在脑海里形成固定的模式。孩子没能守住规矩，适当的惩罚是必要的。就像是小琳的女儿，早在制定规矩的时候，妈妈已然告诉了她违反规矩会是怎样的结果。当然如果孩子表现得好，家长也要给予一定的奖励，无论是一颗糖果，还是外出看一场电影。一个小小的奖励，绝对会让孩子的自信心倍增。只有奖罚分明，孩子才会更好地约束自己。

各项规矩制定下来后，家长就要督促孩子落实，切不能因忙而忽视了规矩的落实。孩子良好习惯的养成与家长的督促是密不可分的。只有家长和孩子共同朝着一个目标走，孩子才会越来越自律。

2

帮助孩子每天制定小目标

无论是孩子还是大人，都要学会给自己制定一些小的目标。小目标的完成，是为了让自己今后能够更好地制定完成大目标。人这一生没有目标是不行的，少了目标的人，就如同黑暗中少了指路明灯。

家长都希望孩子能有一个远大的目标，希望孩子长大后成为优秀的人。但理想和目标不是说说就能实现的，必须要落到实处。

扎克伯格每年都给自己定一个具体的目标，比如：2009年，每天坚持打领带；2012年，每天坚持写代码；2015年，每个月坚持读2本书……他成功的秘诀就在于：具体！只有具体的目标，才能量化、执行。

然而多数家长在给孩子制定目标的时候，都是很笼统的，就是让孩子将成绩提高上去，让孩子变得更懂事、更听话。这看似目标，其实是最不靠谱的。成绩提高上去，怎样提高？具体怎样去做？不明确，孩子又怎能去落实执行呢？具体的小目标应该是非常明确的，比方说这次考试要达到多少分，一个月内要掌握多少个英语单词，一周内要背诵几篇古文……你所制定的目标要能让孩子一目了然地知道他该做些什么，该怎样落实和执行。

我还记得有一年带女儿去北海度假。当时我们租住的是一间民用房。房东太太的孩子是个阳光可爱的小男孩，名叫响响，见到女儿后，非央求和我们一起出去玩。房东太太是一个三十出头的女人，她阴着脸对响响说："你想陪小妹妹出去玩可以，但是你今天的任务完成了吗？"响响听后，很不好意思地低下头说："没有。"响响妈说："没有完成任务，那么你今天能出去吗？男子汉大丈夫，是不是要说话算数？"响响来到女儿面前，说："小妹妹，哥哥今天的任务没完成，明天我带你去景点玩好吗？"响响说完后，便上楼回房间了。房东太太对我说："不好意思，不是我扫你们的兴，给孩子定的规矩实在是不能破。"

那天女儿问我："为什么响响哥哥不能和我们去玩？"我说："肯定是哥哥的作业没做完，所以他不能出去。"女儿说："他妈妈好凶啊！我们还租他们家的房子，她都不给个面子。"当时我也觉得奇怪，有些怪房东太太不通情达理——不就是让孩子陪着出去玩一会儿嘛！

第二天，响响来陪女儿玩，我问他："作业任务完成了？"他有些意外地看着我说："阿姨，我说的任务不是作业。我的作业早就做完了。我的任务是每天要帮妈妈把那几间客房给打扫干净。昨天我没有完成任务，所以妈妈才不让我和妹妹玩。"听后我不禁对这个小男孩刮目相看。

从聊天中得知，这是他妈妈今年为他制定的一个小目标。他还说妈妈曾一再教育他，制定好的目标就要执行下去，不能因其他外在的原因而终止。那天他对我说了许多关于妈妈给他定任务的事情，听后我不由得对房东太太另眼相看。

这件事给我的感触非常大。房东太太看起来不像是个读书人，甚至在我看来还有些粗鲁，但她对孩子的教育却让我自愧不如。她给孩子制定的目标是非常明确的，就是一天当中，要完成些什么，完成不了，将会有什么样的后果。可是我呢？却从来没有给孩子制定过小目标，每天女儿都是按部就班地去做那几件常规的事情，有时就连那几件常规的事情她都无法完成。以至于给女儿买的一本童话书，近半年过去了，她都没能看完。

看来是时候对孩子进行目标管理了，给孩子制定她能够完成的小任务。

“要不咱们也学着响响哥哥，每天制定一个小目标，然后去完成它呢？”

“好啊！妈妈，你说吧，我保证顺利完成任务！”

“咱先不说别的，就说说那本童话书，你说说你看了多久？”

一提到那本书，女儿笑了，说：“妈妈，每当我看书的时候，就想看电视，你说怎么办啊？”我敲了敲她的小脑袋说：“咱们今后规定，每天必须看20页，不看完不许做其他的事情，你能做到吗？”

“20页小意思，保证完成任务！”

在北海的那几天，由于有女儿的原因，响响每天都会很快将当天的任务完成，然后便来找女儿玩。响响妈事后对我说：“其实我给他制定的小任务、小目标是很容易达成的，可是我如果不给他制定目标，他根本就不会有这方面的意识。”

响响妈的话的确有道理，我们应该向她学习，给孩子制定容易达成的小目标，无论是帮着做家务，还是在学习上面的一些小的计划，这样的一些小目标、小计划，孩子很容易达成。孩子有了自信心，更有利于发挥潜能，从而去实现一些更大的目标。

3

向所谓的借口宣战

“妈妈，我今天不想看书了，能不能留到明天一起看？”女儿对我说这话的时候，一边对着我媚笑，一边上前搂住我不停地亲了起来。我轻轻地将她推开，说：“又想当小赖皮吗？想做说话不算数的孩子？”听我说她是小赖皮，女儿不高兴了，拿起书极不情愿地翻了起来。

我坐在她的身边，她不理我，我轻声说：“哪个小朋友说响响哥哥好棒，每天都能够完成任务？”

女儿噘着嘴不说话。

“哪个小朋友说要向响响哥哥学习，每天一定会完成20页的读书任务？”

女儿依旧不说话。

“哪个小朋友说，一个月内要看完整部的《格林童话》？”

“人家今天脑袋疼，难道就不能停一天？”女儿气呼呼地说。

“真是脑袋疼吗？”

“是……”女儿小声说，明显心虚的样子。

“行啊，今天人家脑袋疼，明天人家肚子疼，后天人家肯定牙又疼了……再往后，就会是心情不好……反正不愁没理由。”

女儿被我说得没办法了，只好拿起书翻了起来。我也不再多说话，同样拿本书坐在她的身边，陪她一起看。

不知不觉20页她就看完了，欢呼道：“妈妈，我的任务完成了，我要去看动画片了。”我笑着说：“去吧！”

孩子喜欢找借口，无论是在学习上，还是在生活上，他们总是喜欢和家长讨价还价，甚至有时明明是自己做错了事情，还要怪罪到别人的头上。有些家长不明真相，以为孩子说的是真话，就跟着下了错误的决定。家长的这种做法，只会助长孩子遇事找借口的习惯，对孩子的成长是非常不利的。

对于孩子强调的理由，家长要摸清情况，要了解孩子找借口的真实原因，不能因孩子在执行过程中有反复就粗暴对待。更不能打击孩子的自信心，让孩子失去对目标执行的兴趣。有时孩子真的是身体不舒服，这时家长就要特殊情况特殊对待。

向所谓的借口宣战，就是在孩子遇到困难的时候，一定要站在孩子的角度帮着分析情况，针对不同情况，给予不同的建议。同时家长一定要保持清醒的头脑，否则制订再多的计划，也是徒劳。

4

生活中延迟满足更有成就感

通俗地讲，延迟满足，就是说孩子向家长提出要求，家长不要马上答应，而是给这个要求一个延迟的时间，再决定是否予以满足。

就像我们在面对一堆美食的时候，多数人是无力拒绝的，但是如果我们延迟满足自己的这一愿望，等一等，或者是先忙些其他的事情，由于有了这样一段缓冲时间，就可以更加理性地做出抉择。或许当我们忙过之后，这堆美食对我们已经不再构成诱惑。当然延迟满足还有一个最重要的条件就是你曾被满足过，就是说你曾经体验过这其中的快乐，感受到它曾带给你的那份满足，所以，你若是成功地抵制住了诱惑，你的内心就是喜悦的。

朋友毛子就是一个喜欢通过延迟满足让孩子形成自律的人。

毛子的儿子小毛子喜欢吃糖，而且吃起来没有节制。毛子约束不了他，只要不给糖，小毛子就会又哭又闹，弄得毛子完全没有办法。

糖吃多了不仅对牙齿不好，对于孩子的生长发育也有着极大的影响，最为重要的是，孩子一闹家长就答应，就会让孩子形成一个错误的认识——只要哭闹，自己的要求就能得到满足。这样下去，等孩子长大后，可能会导致他们犯大错误。

后来，毛子就和儿子商量："吃糖可以，但是当你想吃糖的时候，你先数数，从1数到500。数到了再给你糖吃。"

孩子听了之后，起初不同意，但是毛子说不同意今后就永远没糖吃。儿子只好答应。

有几回孩子数到300以后，就因其他的事情打扰而忘记了吃糖这回事。毛子说当时他心里一个劲儿地笑，想着这孩子终于忘记吃糖这件事情了。那天孩子没哭没闹，仿佛没有吃糖这一档子事。

从那之后，每当小毛子想要吃糖的时候，就会想到要数500个数，心里就有些不太乐意，可却又没办法不去做。当然小毛子也有数完的时候。这时毛子就会信守承诺拿糖给儿子吃。小毛子一边吃着糖，一边对他说："爸爸，其实有时我想吃糖，就是那一会儿想吃。你说了吃糖对牙齿不好，可当时我就是想吃。现在你让我数完数再吃，有时我能坚持数完，有时想着数数太麻烦，就不想吃糖了。"

毛子就这样成功地将儿子爱吃糖的毛病给戒掉了。

当然在看似苛刻的背后，毛子也会针对儿子的优异表现给予一定的奖励。比方说儿子如果数完数后选择不吃糖了，就会得到更大的奖励。这样一来，因吃糖而制定的规范就起到了约束作用。看来延迟满足的确能在某些方面让孩子自律，让孩子获得一种成就感。

当然凡事都有两面性。有些家长一味地追求延迟满足，认为延迟的时间够长，孩子就会自然而然放弃所提出的要求。实际上并不一定是这样的。

生活中就有因延迟满足而使得孩子失去对家长信任的例子。孩子提出的要求，家长迟迟不给予满足，认为孩子说过了就忘了，实则孩子记得一清二楚。

我的一个朋友文子，就是这样的家长。每当儿子要她买玩具的时候，她总是会对孩子说："等下周给你买。"结果到了时间，她又说，"等再过两天就买。"她的口头禅就是"等等再买”。

结果有一回，孩子要买玩具，她又说了同样的话。孩子站在柜台前就是不肯走，大声地说：“今天必须买，不买就不回家！”那天文子用尽了办法，孩子就是不肯走，说文子总是今天拖明天，明天拖后天，拖到最后，说话不算话，骗人……

文子那天也反思了一下，觉得自己做的是有些不妥，便给孩子把玩具买了。

事后文子对我说：“看来，对于孩子的请求，总拖也不对。”我说：“的确如此，不能一味地只延迟不满足，这样会让孩子觉得家长不守信用。”

延迟满足在实际生活运用上，那个度还是要把握好的。让孩子习惯了在期待中获得满足，才能学会主动控制自己的情绪和行为，将来也才能抵挡得住眼前小利的诱惑，实现更长远、更有价值的目标。

第5章

别让假自律害了孩子

所谓假自律，就是看似孩子每天都在书桌前学习，却没有一点儿实际效果；看似让孩子早起晨读，但早起的半小时内孩子完全是无所事事；看似按照制定的规则让孩子去完成一项任务，可结果却不尽如人意。这种看似自律的行为，实则没有任何效果；你只是让孩子表面上养成了自律的习惯，实则没有自律的成就。这样的假自律，实际上是在害孩子。

1

别看起来都在做，但却没效果

培优班的休息室里，我听到两个妈妈在聊天，聊的是关于孩子自律的话题。我不禁有了兴趣，便坐在一旁听了起来。

其中一个妈妈说："我要求我家孩子每天必须要背10个英语单词。你想想，一天10个，一年就是3650个！这整个小学下来，孩子的英语能好不起来吗？"

另一位妈妈说："你的这个方法真好，看来我也得让我儿子学学。这每天10个英语单词又不难，孩子的记忆力又好，肯定不成问题。"那个说让孩子背单词的妈妈还说，这小孩从小就要给他们制定目标，小目标不完成，大目标更完成不了。她还说她不仅每天让孩子背单词，还要求孩子每天背诵古诗词，并给孩子制订了周计划、月计划、年度计划。她说了很多，那个心灵鸡汤，简直快把整个休息室给淹没了。旁边的家长也纷纷表示这位家长的育儿经验真是太丰富了，有些家长主动要求加这位家长的微信，以便交流经验。这位家长看起来很有成就感，还说有好的经验就该大家一起分享。

就在她滔滔不绝地说着关于如何让孩子自律的话题时，下课铃声响了，只见一个胖乎乎的小姑娘走到她的面前，说：“妈妈，我饿了，我要吃炸鸡。”

“不是和你说了吗？要自律，炸鸡不能吃！咱一会儿吃点别的。”

“不嘛，就只吃今天这一次，还不行吗？”

两人边说边站起来往外走。刚才那个和她一起聊教育孩子话题的妈妈轻声说：“这么胖都没控制下来，这孩子真有那么高的自律？估计她说的是假的吧？”旁边的人也跟着附和。这时女儿走到我身边，将我拉到一边说：“妈妈，刚才那个小胖子是我们班上的，这次英语考试她又只考了70分，老师刚才还批评她了。”我吃惊地说；“不对啊！她妈妈刚才还说她每天背10个英语单词，难道没用吗？”女儿说：“唉，你们这些家长，只知道说每天背多少单词，她是在背啊，但是背了又记不住，不等于白背吗？幸好你没给我做规定，单词全靠我自己在背。我只知道把老师教会的弄懂就行了，其他额外的，我可不想背。”

的确，对于女儿学英语这件事，我是完全按照她的兴趣来的，她只要把课堂上学的消化了就行。那位说给孩子制订一系列计划的家长，在制订之后根本就没有去督促落实，孩子背没背，背的情况如何，她一概不问。这样的计划还不如不制订。

回家的路上，女儿还对我说，她们班上还有好多同学，家长给规定了许多规矩，同学也是按要求去做，但完全没有效果。我问为什么没效果，女儿笑着说：“出工不出力啊！说是在背单词，但是心里根本没有想这回事，时间也耽误了，可是没有效率。”

那天，我又想起了有一回与女儿同学的妈妈刘炎聊天，也是谈到了与假自律有关的话题。刘炎说小区里组织了一个晨读的活动，让小区里的孩子每天提前一个小时晨读。原本是一件很好的事情，想着孩子能够多学点东西，很多家长都将孩子送去了。可是刘炎说当孩子去了小区广场的时候，组织者却让孩子们自行朗读，没有专人规定当天要读的文章，也没有人领读。孩子见没有人管，就在广场上疯闹着，那一个小时的时间，就这样浪费了。

刘炎说从那之后，她再也不让女儿参加这个晨读活动了。她说完全是在浪费时间，与其这样，倒不如让孩子多睡一会儿，至少睡眠得到了保障。

组织者的初衷是好的，但是却没能执行到位，所谓的自律，也就成了空谈，属于假自律。

还有一种假自律就是家长为孩子制定了许多计划和目标，可是这也没能完成，那也没能达成。没有完成计划和达成目标的原因，就是想的多，做的少。有些家长今天想着让孩子背10个英语单词，明天又想着让孩子每天背一首古诗，后天又觉得数学重要，每天让孩子做多少道计算题。这样东一下，西一下，根本就不是自律，而是自己找罪受。家长也不知道想让孩子成为什么样的人，总觉得这也重要，那也重要，恨不得一夜之间，就让孩子成为事事都好的自律达人。那位在培优班熬心灵鸡汤的妈妈就是这样教育孩子，最终，孩子一样都没能完成。

真正的自律是要让孩子意识到："家长要我做的这些是被动的，而我所要做的就是将被动变成主动。"只有将自己的观念转变过来，才能更好地去约束自己，成为一个真正意义上自律的人。

看起来什么都在做，可就是没有效果，这就是假自律带给孩子的危害。

所以，家长在给孩子制定目标的时候，首先就不要盲目，而要从实际情况出发，凡事不要求多，要懂得循序渐进，让孩子一步一个脚印地完成一个又一个目标。这样才能让孩子养成自律的好习惯。

2

一切从明天开始，等于一切都没有开始

一切从明天开始，等于一切都没有开始，这话绝不是吓人的，而是有着一定的道理。

以前，我也是一个凡事都喜欢等一等的人，特别是在对待女儿学钢琴的这件事情上，我犯了一个很大的错误。

那还是女儿小的时候，她说想去学钢琴。我也知道女孩子学钢琴对于她的气质提升是很有帮助的，便也想让女儿去学习。可当时我觉得女儿还小，怕她坚持不了，想着等再大一点儿去学也不迟。就这样，一天天过去，虽然女儿又提过几次要学钢琴，但都被我以“等一等”给拒绝了。这一等就是两年，当女儿上学后，她再想去学，我又觉得怕耽误她的功课，以至

于这事也就搁浅了。

后来女儿对我说，她们班上的佳佳，就是在她说想学钢琴的那一年去学的，结果人家现在钢琴已经达到了六级！

这件事情对我的触动很大。我觉得如果当初同意女儿去学钢琴，很有可能她现在的钢琴弹奏水平也达到六级了。

“如果当初……”，唉。我想起了曾在书中看到过这样一段话：“成功的人和失败的人有很多的不同点，最明显的就是，成功的人说到就会去做到，失败的人永远只有空想没有行动。”

针对我们现在对孩子所说的自律，也就是说，无论我们现在想要制定什么目标与计划，一定要着手于现在，一定要马上行动，而不是想着等一等再制订，等一等再去执行。同时，也不能因为孩子自身怕苦怕累，就今天拖明天，明天拖后天，拖到最后，受损失的还是孩子。

对于女儿学钢琴这件事，一直以来都是我的一个心结，后来我问女儿还想学吗，女儿说：“那我们就从现在开始吧！”那天我以最快的速度帮女儿报了钢琴课，选定了钢琴老师，并排了课表。我想既然决定了，就不要再等，不要让时间在等待中蹉跎，行动起来，才能得到想要的结果。

3

让孩子觉得厌烦，绝不是自律的目的

现在有很多家长认为让孩子养成自律的习惯，就要将孩子的“日程”排得满满的，而不能有空闲时间。先生的同事冷月就是这样的一位家长。

冷月不仅对孩子严格，对自己也狠得下心。她说过，别人一天是24小时，她恨不得要把它变成48小时。由于是单亲妈妈，她为了能给孩子提供更好的物质条件，拼命接单，下班还去亲戚家的餐馆帮忙收银。

冷月对儿子要求非常严格，每天给孩子制定的任务都是以表格的形式让儿子执行。每次碰到她，与她聊起孩子，她就非常有成就感。她说，教育孩子就要不停地给他加压，要是稍微松懈，孩子就会变得懒散。她说有一次孩子因为当天学校的作业多，而没能完成她给制定的任务，她便让儿子做完再睡。那天孩子做到了凌晨一点。

听后我不由得心疼她的儿子，问："你不心疼吗？"她说："心疼又怎么样？还不是要做？我这也是为了他好！"

如果她这样教育出来的孩子各方面都好，那旁人也不好说什么，谁知后来我听先生说，她儿子厌学，并且整晚失眠，医生建议休学一年！

直到那时，冷月才意识到，自己所谓的自律，实际上是害了孩子。如今的她，唯一的希望就是孩子的病能够早点儿好。

曾经有一段时间，表弟对于自己女儿的体重感到担忧。他说小小年纪就长这么胖，长大后变成大胖子可怎么办？于是作为减肥过来人的表弟，开始给女儿制订减肥计划。他的减肥计划包括每天要女儿长跑、打球、做俯卧撑。再就是让女儿减少肉类的摄入，以及戒掉喝饮料的习惯。

孩子每天要面对学校的作业和运动量，表弟额外给的这些运动却一样都不能少。没多久孩子的体重是降下来了，可是精神却不佳，常常在家喊累。孩子的妈妈很是心疼，想让表弟停止对孩子执行减肥计划。可是表弟却说，他制订减肥计划都是为了孩子好，不仅能够减下体重，还能让孩子养成良好的习惯，养成自律的品质。

事情真是这样发展的吗?

由于少了必要的肉类摄入，孩子总是拿着钱偷偷地在外面买着吃。有一回因吃了不干净的食品，导致肠胃炎发作进了医院。当医生得知孩子每天要承受这么大的运动量时，对表弟说，孩子正是长身体的时候，必须要有肉类的摄入，这样逼迫孩子减肥，绝对不可取。

表弟看着女儿躺在病床上的样子，既心疼，又愧疚，说：“都怪我。早知这样，说啥也不能逼你减肥呀！”

多数家长其实在为孩子制定目标和计划的时候，都是希望孩子能够变得更好，然而如果家长把孩子弄得心神疲惫，弄得不愿意去面对，就违背了初衷。让孩子挑战自我，也要在他能应付的范围内，急不得，必须量力而行。而让孩子厌烦，更是与培养孩子养成自律习惯的本意南辕北辙。

4

自律不是让孩子当“苦行僧”

当今有一部分家长，认为只要是学习就一定是苦的，还一再对孩子说，只有苦过了才能甜。于是，他们会为孩子制定出许多与学习有关的目标和计划，让孩子一一完成。他们会苦口婆心地对孩子说，一切都是为了他们好，不当苦行僧，成绩怎么会好？不当苦行僧，又如何能取得成功？不当苦行僧，就注定一事无成。

当然，这类家长的出发点是好的，都是希望孩子日后能有所成就。然而物极必反，给孩子施加过多的压力，很容易伤了孩子。我的一个表哥，就是这样的一个例子。

当年的他读书一直都很刻苦，可是姨妈却认为他还没有完全发挥潜能，于是便一再给他施压，希望他能够更加优秀。表哥当时也认为家长说的都是对的，于是姨妈说什么他就做什么。每次我去姨妈家，都能见到表哥坐在书桌前学习，很少见他有玩的时候。姨妈曾骄傲地对我说，表哥已经坐坏了两把藤椅。

当时我特别佩服表哥，把他当成自己学习的榜样。姨妈当时还对母亲说，让母亲也要这样严格要求我，她说表哥每次考试都是全班前三名，这都是好习惯带来的好结果。当时母亲对姨妈说："这哪是读书啊！这简直就是玩命！这样弄下去，孩子的身体会垮！"可是姨妈并没把母亲的话听进去。直到有一天，表哥病倒了。姨妈这才意识到平日给了表哥太大的压力。

姨妈在表哥病倒后，哭着对母亲说："早知道这样，我就不逼孩子了。我其实就是想让他能够在各方面都有个约束，养成好的习惯。再说了，这读书原本就是这样的啊！怎么到他这儿就不行了？"

母亲说："我觉得你不是让孩子读书，而是让他当苦行僧！"姨妈听了母亲的话以后，沉默了。

如今表哥对于自己的孩子，不再像当初姨妈对他那样"高标准，严要求"了。表哥说他不希望自己的孩子没有一个快乐的童年，不希望孩子在长大后回想起童年的时候只有读书和做题。当然他也并不是说不给孩子制定目标，而是根据实际情况，结合孩子的自身条件来定。而我在对待孩子养成自律习惯这方面，和表哥的认识有共通之处。就是我也认为给孩子定规矩、设目标是非常有必要的，但是不能为了设目标而设目标，给孩子上一道紧箍咒，让孩子去当苦行僧。这培养不出孩子真正的自律。

真正的自律是发自内心地去做事情，去付出精力，而不是被逼着去做。真正的自律，是你做完了事情之后，会有一种成就感、愉悦感，而不是觉得累，觉得无奈，觉得一切都是为了别人而做。生活是美好的，自律是为了让生活更加美好。

5

无法远离“糖衣炮弹”，一切都是空想

“我真是拿孩子没辙了，明明是说好了今天要弹琴，可是奶奶的一个‘糖衣炮弹’，小家伙就拒绝弹琴了。我家这老太太也是的，完全不听我的，一再认为我这是在摧残孩子！”在艳子的诉说中，我得知她婆婆这段日子从外地来看孙子了。小家伙见到奶奶之后，便不肯配合艳子给他制订的一些计划。比方说弹琴，小家伙刚准备弹琴的时候，奶奶就会跑来说，天气这么热，今天不弹又没什么大不了的。小家伙听奶奶这样一说，便和奶奶一个腔调说话，弄得艳子完全没有办法。

我曾听艳子说过，她说她婆婆刚开始就不想让孩子学钢琴，说男孩子学弹钢琴，长大了会变成娘娘腔。可当时艳子坚

决要让孩子学，并一次性交了半年的学费。因为学费是退不了的，婆婆没办法，只好由着孩子去学。

孩子原本就觉得弹琴累，弹琴枯燥，奶奶自从来了之后，想方设法带他出去玩。孩子当然乐意了，以至于整个假期，该上的钢琴课一堂都没去上。

那天我对艳子说："你可以和你先生商量一下，让老人不要干涉孩子。"艳子无奈地说："他要是和我站在一条战线上倒还好说，他现在也是听他妈的。现在这个家，我成了'光杆司令'。他们全都说我，说孩子少上几堂课没关系，少练一会儿没事。原本孩子今年要考八级的，这下可好，琴都不练了，拿什么去考？"

最终艳子和婆婆之间爆发了"战争"。

艳子对我说："我明确地对婆婆说了，钢琴肯定是要弹的，无论她持怎样的意见。"

她对婆婆说，孩子必须每天练琴一小时，同意要练，不同意也要练。婆婆见艳子这么说话，也不甘示弱，说："孩子不喜欢做的事情，非逼着有意义吗？咱家祖祖辈辈都没出一个钢琴家，你就指望你儿子能弹出名堂？"

艳子说："孩子还不想上学呢！难道就不去上学？"

两人吵了起来。艳子的先生两边哄。最终艳子放下狠话，如果在教育问题上，凡事都要听婆婆的，那么这日子就不过了。

话说到这个份上，艳子的先生只好将老妈送回去了，孩子还是由艳子管。

孩子见奶奶离开，没了靠山，在妈妈的督促下，不得不每天练琴，一天都没有中断过。

艳子这件事情，让我觉得当初她说婆婆对孩子实施“糖衣炮弹”，也有一定的道理。

作为孩子的家长，艳子不希望自己的孩子受到他人的诱惑，哪怕这个人是孩子的亲人都不行。艳子的婆婆不喜欢让孩子弹钢琴，并且说弹钢琴就是往里面扔钱，根本都没有什么回报，于是便千方百计地去干涉孩子练琴。而孩子呢，分不清哪是对的，哪是错的，以至于放松了对自己的要求。当然在此并不是指责艳子的婆婆，而是说，时代不同了，教育方式也不尽相同，作为老人，还是尽量少插手为好。

还有一些家庭，家长对待孩子的教育态度不一致。有的想让孩子学琴，有的则认为学琴不好，于是也会出现所谓的“糖衣炮弹”。记得小时候，我家长就是这样的。母亲希望我将拉小提琴坚持下去，可父亲却让我只把学习成绩搞好就行了。于是父亲就扮演着给我“糖衣炮弹”的角色。每当母亲让我练琴的时候，他总是会说有什么好练的，甚至还会说带我出去玩的话。当时我的父母也是因我学琴的问题，争吵不断。事隔多年，父亲对我说，当时他也不知道是怎么想的，就是不喜欢我拉小提琴。当然我也没能如母亲所愿将拉小提琴坚持下去。这事到现在也就成了家里的一个笑谈。

生活中孩子面对的所谓“糖衣炮弹”到处都有，它可以来自于外人，也可以来自于亲人，就看你如何应对。如果不能帮助孩子远离诱惑，注定无法让孩子养成真正的自律。

6

不要满足于暂时的自律，当面一套背后一套不可行

“现在的孩子简直是成精了，我在家的时候，什么都行。写作业，弹琴，做家务，样样都按要求完成。我一不在家，他就放了鸭子，不仅琴不练，书包不清理，就连作业都要打折扣。这当面一套、背后一套的毛病是跟谁学的啊？”公交车上我听到一位妈妈正在满腹牢骚地打着电话。她说了一路，我也听了一路。

这位家长的心情我能理解，遇上了这事，谁心里都会窝火，谁都难免会对孩子产生失望的情绪。然而光失望也没有用，我们要找到其中的原因。

孩子之所以会当面一套背后一套，实际上是还没能完全形成真正的自律。真正的自律是孩子从心底里认同，并且愿意为

之努力完成的一种约束力。然而真正拥有自律品质的孩子毕竟是少数，多数孩子都是在形成阶段，一点外在的因素就可能会让习惯发生改变。

同事刘亚的孩子一直都在学习书法，刘亚还特意每周送孩子去书法班上课。有一次，刘亚由于临时接到加班的通知，无法陪同孩子去书法班，便让女儿自己去上课。女儿答应得很好，说做完作业就去。平日里女儿一直都很听话，刘亚也就放松了警惕。

再后来每次上书法课的时候，女儿都对刘亚说，自己这么大了可以一个人去上课，不用刘亚去送。刘亚觉得孩子懂事了，让她锻炼一下也是好事情，便再也没有送孩子去过书法班。

一个学期快结束了，书法老师给刘亚打电话，说刘亚女儿每次的书法作业都没全部完成，还问当初一直都坚持回家练字，为什么现在字越写越差，而且别的同学都交两面作业，只有她只交一面。

刘亚一听愣了，女儿明明在练，老师为什么说没练呢？女儿回到家中，刘亚问她这到底是怎么回事。孩子这才说了实话，说刘亚在家的时候，她会按要求练字，不在家的时候，她就不练了。

刘亚控制不住，对女儿发了火，说女儿太不懂事，明明一直在执行的目标，为什么要打折扣！并且还学会了说谎话，这样下去怎么得了！

女儿一直在哭，边哭还边说自己不是故意想这样的，而是练书法太枯燥了，自己实在是坚持不下去。

女儿的话让刘亚思索起来。的确当初女儿说过，写毛笔字太枯燥了，自己不想写。可是刘亚却认为既然报了班，就一定要坚持下去。正好那段日子刘亚忙，便放任孩子自己去上课，没有做好监督，以至于女儿学会了当面一套背后一套。

那天刘亚压下火气与女儿进行了长谈。女儿对她说，她当初之所以这样做，就是因为平日里学校老师布置的作业有些多，而书法班的课也特别密集，每次写完作业，她没有精力再去静下心练书法。

找到了问题所在，刘亚调整了孩子上兴趣班的频次。这样有利于孩子有充足的时间静心完成书法作业。同时她也加强了对女儿的监督，每次上书法课的时候，都是尽力陪同。她对女儿说，既然选定了目标，就得一直前行，当然在前行的过程中，有困难是正常的，遇到困难就要找原因，不能一有困难就退缩，这样最终害的只能是自己。女儿听了刘亚的话，一个劲儿地保证，今后再也不当面一套背后一套了。

家长切记：一定不能让孩子养成当面一套背后一套的毛病，一旦养成这个毛病，不仅会对学习造成影响，还会影响到往后做人的诚信问题。

第 6 章

让自律成为孩子的习惯并固定下来

让自律成为孩子的习惯，让这种习惯伴随孩子的一生，这就需要家长时时关注孩子的方方面面，让孩子主动制定计划和目标，并且按照计划向前推进，逐渐固化这一习惯，让它成为孩子密不可分的一部分。只有如此，孩子才会养成受益终身的优秀品质。

1

孩子拖拉巧应对

孩子天性喜欢拖拉，你让他现在做的事情，他嘴上答应，可是并不马上行动。他们是能拖则拖，以至于时间久了，你连最初让孩子做什么都不记得了。而孩子呢？则正好落得个什么都不用做。这样的情形实在是太多了。多数家长都会说，这孩子怎么了，就像算盘珠子一样，你动一下他才动一下；有时你动，他还不一定动，将家长的话全当耳旁风。

在面对孩子拖拉的时候，很多家长都恨不得亲自上阵。当年的我也是这样，每天早上，看着女儿慢慢地洗脸，慢慢地穿衣，我都要气得冒火——无论我怎么催促，她都不改变节奏。无奈之下，我只好以最快的速度上前帮她解决好，让她能够快速出门去上学。

虽然在我的帮助下，她的速度会加快一点，但是这个方法治标不治本。

后来我发现，家长越是催促孩子，孩子做事情越慢。家长要是代劳，孩子就会彻底放弃主观努力，任凭家长摆布。所以，我建议家长面对孩子的拖拉表现，停止催促，改为正面引导、表扬、鼓励、奖赏。孩子得到的表扬越多，对自己的期望也就越高。孩子都较为看重来自外界的认同，所以，要想让孩子不再那么拖拉，改变对孩子的评价是必要的。

如果家长能经常对孩子说：

“你要是再快一点就更好了。”

“你比以前有进步了。”

“你做得真棒，加油啊！”

“这周的计划你执行得很好！”

这样的话说多了，孩子为了不让家长失望，下次做事就会有意识地提醒自己快点儿。

同时为了使孩子更有动力，当他做事的速度比以前加快时，或者当他达到了大人的要求时，家长可以适当地给予一些奖励。

我有一位朋友是做培优教育的，她说以前她班上有一个孩子，整个就是一个拖拉大王，每次他的家长总是抱怨说，这孩子太拖拉了，不知道该怎么去说。我的朋友就建议他们在家的时候，无论是做什么事情，和孩子比赛看看谁做得快。

朋友对孩子家长说，在比赛时，家长可以故意放慢一点，让孩子觉得自己做得很快，有取胜的把握，从而获得成就感和满足感，那么他就会在做事时变得更加专注，拖拉的毛病也就会慢慢消失。

我记得女儿小时候也有拖拉的毛病，每次总是要我说她，她才动。后来在一次外出旅游时，我对先生说，这次不如将外出的行程表告诉女儿，让她来安排时间。先生听我这样一说，感到不妥，说："就她那个拖拖拉拉的毛病，万一她把时间给耽误了怎么办？"我说："不试试怎么知道呢？也许当我们将主动权交给她时，情况就会有所转变呢。"

对于我说的，先生并不是很看好，但还是同意了我的想法。我对女儿说："这次出门，所有的一切都由你安排，如果你没能做到及时提醒我们，自己再拖拖拉拉，咱们的行程耽误了，那么就是你的责任。"女儿一听让她安排，高兴得跳了起来，说保证完成任务。接下来的几天，每天都是她催促我们早睡早起，催促我们动作快点。还记得她当时的口头禅就是：

“快点快点再快点，要不就来不及了！”

经过那次事情，我觉得女儿有了很大的转变，就是在面对任何一件事情的时候，都能够在规定的时间内完成。

孩子之所以拖拉，有时是因为孩子确实就是那个速度，有时是因为孩子不愿意面对不喜欢的事情，更多的时候，则是孩子没能形成良好的行为习惯。家长要做具体分析，找到适合自己孩子的方法，来帮助他矫正拖拉的毛病。

2

排除干扰，
不要让周围的人影响孩子

干扰对于每一个人来说都是难以避免的，就像是你正在看书，忽然有朋友打电话来叫你一起出去吃饭，你去还是不去？我想多数的人都无法拒绝，因为朋友打电话来，如果不去不太好，所以即便你想在家安静看书，也会选择出去。

同样，孩子也会遇到这样的干扰。

也许是他正在做作业的时候，家里来了客人，他不由得停下了笔；也许是他正在完成某一个手工活，同学来了，也会使他中断自己所做的事情。

当孩子遇到外部因素干扰的时候，家长首先不要急，不要指责孩子，而是要引导孩子去做出正确的选择。比方说该练琴

了，这时候如果有客人来访，那么孩子肯定会认为，家里有客人，自己就不用弹琴了。这时你就要让孩子知道，客人来是大人的事情，与他无关，作为小孩，他今天该做的事情还是一定要做的。孩子去弹琴，大人与客人聊天，两者并不冲突。

时间久了，孩子知道即使有外在的干扰，但是制订的计划该完成的还是要完成，没有商量余地，他也就没有其他想法了，从而会专心地去完成。

一次外出吃饭，在酒店的大堂里，我见到有一个小女孩在弹琴。

来来往往的人经过小女孩的身边，可是她始终不为所动。

有些人还站在小女孩身边指指点点，小声说着话。

小女孩沉浸在自己的世界当中，没有受到任何干扰。

当时我就在想，这孩子长大后，一定会很有出息。

生活在这个尘世上，外在的干扰总是不可避免的，关键是看我们如何坚守心中的那份信念，如何能够排除这份干扰。家长应该正确引导孩子，排除身边人对自己的影响，让孩子能够更好地约束自己。

3

加强孩子的心理训练

内心坚强的人，在面对任何事情的时候，都能够从容面对，都能够不畏困难，轻松化解。我们的孩子也应该拥有强大的内心，在面对困难或者挫折的时候，能够坦然面对。

现在大多数孩子，在家里都是家长的“掌上明珠”，含在嘴里怕化了，捧在掌心怕掉了，更别提让孩子面对困难，或者受一点苦，以至于现在的孩子基本上都没什么抗压能力，遇事大都选择逃避。

有关教育专家表示，在专注孩子“分数”的同时也要加强他们的内在心理素质教育，特别是培养锻炼他们在逆境中成长的承受能力。有些孩子面对学业压力，严重的时候，还会选择轻生，这应该引起人们的警醒。

当前的社会竞争压力不仅表现在大人身上，孩子面临的压力也不小，该如何化解确实值得深思。在学校里，分数是孩子们最大的压力。我曾看过这样一条朋友圈，一名三年级的小学生由于期中考试没能达到家长规定的分数，放学的时候，独自一个人躲在小区的停车场里。家长四处寻找，并且发动了亲戚朋友，最终才找到了孩子。孩子见到家长的第一句话就是："妈妈，这次考试我没有考到98分，我不敢回家。"这样的事情，让人心酸。我在想，当孩子得知分数时，内心的压力一定是很大的。

事后在微信朋友圈我看到了孩子家长的回复，说今后再也不逼孩子考高分了。看到这样的结果，我为孩子感到庆幸。

那么我们该如何加强孩子内心的训练，培养孩子的抗压能力呢？

家长要告诉孩子，生活中不如意的事有很多，每个人在成长过程中都会遇到各种各样的挫折与打击。遇到打击是正常的，关键是要学会积极从容地去面对，而不能一遇到点压力就想着逃避。

家长应该有意识地放手，让孩子早一点独立，孩子遇到困难，要鼓励他自己去解决。当他独自战胜了困难，信心、勇气以及心理承受能力必然会大增。

当然，如果孩子无法独立面对困难，无法正常排解心中的不良情绪，家长就应该及时做好开导工作，引导孩子用积极的态度去应对挫折。同时家长还要引导孩子学会合理地发泄内心的消极情绪，不要让孩子凡事都压在心里。这样有利于孩子缓解心中的压抑，促使他尽快以积极的心态投入到生活、学习中去。

朋友大梁的儿子子涛自小胆子就小，已经上小学了，可是有时想找同学玩，连楼都不敢下。子涛的妈妈认为孩子这样是听话，说孩子小，到处乱跑，万一丢了怎么办？大梁说就下个楼，又不是去很远的地方，至于丢了吗？夫妻二人为此总有争吵。子涛妈妈认为大梁对孩子不上心，所以不担心孩子丢；大梁说正因为他对孩子上心，所以才想着让孩子尽早独立，免得以后事事都要依赖家长。

一直以来，大梁都想锻炼一下孩子，可是苦于没有机会。

终于有一次，单位组织旅游，子涛妈妈由于上班不能跟着一起去，大梁便带孩子去了。

在外旅游少了妈妈的呵护，子涛起先很不适应——爸爸不像妈妈那样，凡事都为他做好，凡事都由着他。大梁说那几天，他刻意让孩子每天早上单独去楼下的餐厅吃早餐。说是让孩子单独去，其实大梁在不远处跟着孩子，看着孩子安全来回，他才放心。

刚开始，子涛对大梁说，以前每天的早餐都是妈妈帮着端到桌子前，他不愿意自己下楼去吃。大梁说："你不下楼吃早餐，就没早餐吃。一会儿出去玩，饿了，你自己想办法。"

头两天，由于子涛不肯单独下楼，大梁就真的不给他准备早餐吃。小家伙在景点饿得走不动，让大梁买东西给他吃，可大梁就是不买。就这样到了第三天，子涛主动下楼去吃早餐了。在接下来的几天，小家伙都是自己下楼吃早餐。从自己拿自助餐，到吃完后上楼找大梁，孩子做得都很好。甚至有时大梁要陪他去，他都拒绝了，说："爸爸，我现在一个人能行。我觉得自己下楼吃自助餐的感觉很好。"大梁笑了。

旅游回来，子涛妈妈看到孩子的变化，不禁对大梁说，早知道这样，以前就该多锻炼一下孩子。

大梁说孩子都有畏难情绪，都有怕困难的念头，家长一定要打消他的这个念头，切不可凡事都包办，能让孩子独立做的事情，一定要放手让他去做，家长只要把握大方向就可以了。

后来大梁问儿子，当时一个人去餐厅的时候心情是怎么样的，儿子说："害怕，心里非常害怕，可是一想到不去餐厅就要饿肚子，只好硬着头皮去了，去了才知道原来自己吃早餐一点也不难。”

在那之后，子涛的胆子渐渐变大了，下楼找同学玩不在话下。大梁说子涛最牛的一回，就是自己从培优班回家。

当孩子平安到家的时候，大梁感觉到孩子又长大了。子涛妈妈也非常欣慰，问儿子一个人坐车真不怕吗？子涛说：“男子汉就是要有面对困难的勇气，不能因为遇到一点事就怕，就找妈妈。”那一刻，大梁夫妇欣慰地笑了。

所以说，无论是让孩子独立处理自己的事情，还是加强内心的承受力，都需要家长尽早放手。当然在放手以后，家长也要时常注意孩子的表现，注意孩子内在的情绪，及时地提供必要的帮助，让孩子拥有一个无忧的童年。

4

建立适当的奖励机制

走进燕妮的房间，让我不由得对林慧另眼相看，早听其他好友说她在教育孩子方面有一套，今天一看，她还真和其他当母亲的不一样。她给女儿燕妮制定了一张儿童成长自律奖励和惩罚表，表格做得很醒目，而且就贴在孩子的书桌前。表上分栏有“日期”“我的任务”“奖励情况”和“惩罚情况”。“我的任务”一栏有按时起床、吃饭不看电视、放学不买零食、坚持饭后睡午觉、认真完成作业等。“奖励情况”一栏里则有星星标注，完成了就有几颗星。“惩罚情况”一栏里则针对没有完成的任务，制定相应的惩罚措施。表格每个月换一次，新做的表格和以前的表格在色彩和形状上有着很大的差别。林慧说这样做的目的就是让孩子有新鲜感，从而能够更加积极地参与进来。

看到这些，我不禁觉得林慧想得真够细的，她将孩子的日常生活通过量化的形式展现出来。无论是大人还是小孩，通过表格可以一目了然地知道这一天要做些什么事情，完成的情况，以及完成后的奖励，或是未完成的惩罚。

那天我问燕妮："妈妈这样列表格你觉得好不好？"燕妮说："阿姨，这样很好啊！每天我都知道自己要做些什么。做得好，妈妈就会奖励我小星星；如果我做不好，就要被扣掉小星星。我要让自己每天都超额完成任务，争取到一学期总结的时候，能有一个优异的成绩。"小姑娘这样一说，让我真对她另眼相看。别看她人小，可说起话来有板有眼，让人觉得真是个懂事讲道理的小姑娘。

林慧对我说，她这样做也是被逼无奈，以前无论对孩子说多少次，可她就是听不进去。所以她才想到了这个方法，每天就那么多事情，以文字的形式固定下来，孩子做完了、做好了有奖励；做不完、做不好就受惩罚。时间久了，孩子也就接受了这种模式。

我对林慧说，这么好的方法，你应该发到家长群里，让更多的家长都能够按此方法要求孩子。林慧说每个孩子的情况不同，这个方法不能包打天下，就看家长是如何针对各家孩子的情况区别对待了。那天林慧将表格发给了我和另外的几个好友。我决定根据自己孩子的实际情况来做一些调整，将孩子的积极性通过这张表格调动起来。

我按照林慧的方法，在家里也给女儿制作了相关的表格。

过了一段时间，我发觉以往我最头疼她每天不清理书桌的毛病有了改观。以往她每次做完作业后，我总是会一再强调让她清理书桌，可她就是听不进去。偶尔也会做，但是只要我不说，她就不做了。现在不同了。现在的她每天做完作业后，会很积极地收拾自己的书桌，以及完成我在表格里要求她完成的事情。女儿对我说，有了这个表格，自己做事情的积极性也调动起来了。

不同于林慧制定表格对孩子实行奖惩，我的另一位朋友李凡是给孩子制定积分制度。

李凡说，以前孩子也是不愿意完成自己该做的事情，他也不知道该如何激发孩子的积极性。有一天他在逛商场时看到商场购物有积分制度，突发奇想在家里给孩子也做积分制度奖励。于是他便和孩子商量，以后每做一件该做的事情，就增加积分作为奖励。孩子听后觉得很有意思，便高兴地同意了。李凡先是规定孩子每天必须做的事情，然后每一件事情执行之后，就会给予相应的积分。比如孩子完成洗澡奖励2个积分，弹完钢琴奖励3个积分，一直累计积分，到达一个分值后，孩子即可得到玩具奖励等。因为有了这个奖励机制，孩子做任何事情都会积极参与，还能很快完成。看到孩子每天都积极地做规定的事情，李凡认为自己找对了方法。

一天，孩子问他：“爸爸，是不是我把自己该做的事情都做好了，就都会有积分？”李凡想都没想就说：“那是自然的啊，你没看到爸爸从来没有失信过。”谁知孩子问：“那我每天放学准时回家算不算？每天准时睡觉算不算？还有就是我不用你盯着就能完成作业算不算？”李凡一想，觉得儿子这话问得有些不对劲。如果说每天准时放学回家要积分奖励，那么今后无论让他做什么都要积分。如果这样下去，就完全与当初的奖励初衷背道而驰。

那天李凡再次调整了家庭积分制度。他对儿子说，每天硬性规定的事情有积分奖励，也就是最初制定积分制度必须完成的事情，完成了才有奖励。没有硬性规定的，比方说帮家长扫地，或者放学准时回家，都不能用此制度。

李凡说他和孩子商量了许久才定下了这个制度。

看来，家长在建立家庭奖惩制度的时候，要多动动脑子，千万不要被孩子给绕进去了。

给孩子建立适当的奖励机制是为了让他们更好地去完成自己该做的事情，当然奖励与惩罚应该是相辅相成的，家长不能一味地奖励，否则，时间久了，奖励机制也就起不到作用了。

5

自律是最好的仪式感

生活需要仪式感，而自律在某种程度上，就是最好的仪式感。对于孩子来说，给他们创造一个有仪式感的自律环境是非常有必要的。想要真正意义上的自律，必须要给自己划分一个严格的界限，就是在规定的时间做规定的事，不允许自己有任何的畏难和逃避情绪。也可以将要做的事情记在本子上，给自己一种庄严的仪式感。自律是遵守自己给自己设定的准则，也就是无论遇到怎样的困难，设定的目标和计划一定要在规定的时间内完成，不能给自己找借口。

“老师，我们已经磨好了墨，铺好了宣纸，一切准备就绪，现在可以写了吗？”这时只听老师对孩子们说：“小朋友们，你们准备好了就可以写了，现在来让我们写这个字……”

那天我正在一家书店查阅资料，忽然听到书店一边的教室里传出了这段对话。我顺着声音往里看，只见是一间书法教室，有几个孩子正在很用心地写着毛笔字。老师见到我后，问我是不是有事，我说：“这个书法班是你办的吗？”她笑着说：“是的，这个书店是我一个朋友开的。她给了间房让我作为书法教室。平时我就在这儿教几个孩子写毛笔字。”我问她：“刚才孩子为什么在写字前，要说那一段话啊？”她说：“这你都听到了？”我不好意思地笑了笑。她说：“我这就是给孩子创造一个仪式感，让他们在做这件事情之前明确地知道要做什么，并且要努力去做好。”

写毛笔字需要仪式感，这倒是让我觉得很意外。那天利用她下课的时间，我与她聊了起来。她对我说她班上的孩子，每天回家都会练一个小时的毛笔字，而练字前她也会让孩子在家对家长说这一段话。她说可别小瞧这小小的仪式，它让孩子能够更加明确地意识到要做什么，从而激发自己的积极性，能将原本认为枯燥的事情做得更好。她还说她这个班的孩子，自律性方面都非常不错，有些孩子明显比别的孩子更能独立面对一些事情。

那天与她聊了许久，我觉得她所说的有一定道理。所谓的仪式感，表现了我们对这件事情的重视，正因为重视才会努力地去做好。

书法老师的这件事情，让我不由得想起了侄子前段日子经历的与仪式感有关的事情。

侄子喜欢画画，可是总也画不好，嫂子时常对侄子说，咱画不好就好好学，好好练。可是孩子的耐心有限，一画不好就会心烦意乱。有一次侄子在画画的时候，由于没能画好，便在纸上乱画一通。嫂子看到后，没有像平时那样发火，只是让他在上面郑重地签个名。侄子不知道嫂子什么意思，便写下了自己的名字。那天嫂子将这幅画找了一个精美的相框裱了起来。她对侄子说，这是他的第一幅作品，希望今后他的作品越来越好，精品越来越多。嫂子不仅让孩子给画作签名，还将画作发到了朋友圈，并说将定期给孩子在朋友圈里举办画展。

侄子没想到自己随便画的一幅画，妈妈居然将它当成了一幅作品。那天他对嫂子说，那幅不太好看，要不自己再画一幅。没等嫂子反应过来，小家伙便铺开画纸，郑重地签下自己的名字，再次画了起来。

经历了那件事情之后，孩子的自信心爆满，画画也更加认真了，特别是上画画课的时候，那个用功的劲头，让人看着就喜欢。每次画画前，侄子都会郑重地签下自己的名字。

侄子的这一变化，都是源于那个庄严神圣的带着仪式感的签名。它让一个没有任何特色的画变得更有意义，让一个对自己不抱有信心的孩子自信心爆棚，想把自己更优秀的一面展现出来，从而使得小宇宙爆发了。

嫂子对我说，当时朋友给她这个建议的时候，她还不太相信，认为一个小小的仪式感就能让孩子听话，太不可思议了，没想到还真管用。

我将仪式感也用在了女儿身上。女儿当初学古筝的时候，也是一时兴趣，后来学了一段日子，由于天天练琴，也开始没了耐性。她曾对我说，每天弹琴好枯燥，不想再学下去了。当时我就在想，该如何才能让她对练琴产生兴趣呢？

记得当初学古筝的时候，我们曾参加过一次表演，当时所有小朋友都是穿着古装弹琴，于是我就想在每天练琴的时候，给女儿穿上古装，做一个好看的造型，也许她会喜欢上这样的感觉。我的提议受到了女儿的欢迎，她很是兴奋地又穿衣服，又让我给她扎头发。我还像主持人那样，为她做了一个简短的介绍。整个流程下来，用不了几分钟，但却很有效果。女儿很喜欢在这种状态下练琴。她对我说，现在练琴，就觉得像是上台表演，很有成就感。

一个庄严的仪式感，带给孩子的不仅是鼓励，还能让他的自信心增强，让他对自己更加肯定，从而更好地去做自己。生活中我们也要时常给孩子一种仪式感，比方说在孩子完成一件任务的时候，我们可以给孩子一个表示激励的仪式感，让孩子觉得他是被重视的、被尊重的。在读书的时候，我们可以像古人那样沐浴更衣捧书而读，在这种氛围中体会到读书、写字的重要性。在孩子得到老师表扬或者得到任何奖项的时候，给孩子举办一个小小的庆功会。

总之，仪式感可以激发孩子的行动力，教会孩子对生活要有目标，培养孩子自律的品德。要想孩子更好地自律，目标和仪式感是不能缺少的。

6

从小事做起，优秀的孩子都赢在自律上

古话说得好，“一屋不扫，何以扫天下？”就是说小事情都做不好，又怎能做好大事。立足于小事情，才能让我们放眼大世界，做更好的自己。还记得小时候，母亲也曾拿这话教导我。她说一个人如果连身边的一件小事情都做不好，就指望不了他能做什么大事。当时我对于这话还没能完全体会，后来随着自己一天天长大，觉得上辈人说的话，确实是有着一定道理的。

邻居杜峰家的儿子今年钢琴得了艺术小人才的一等奖。当得知这个消息的时候，我们都为杜峰感到高兴，纷纷表示祝贺。可他却对我说这个奖拿得一点儿都不意外，完全是情理之

中的事情。我不禁问他："得了一等奖，怎么还不觉得意外？那么多人比赛，你怎么就知道儿子能得一等奖？"他对我说："那是因为我们每天都在坚持做一件事情，坚持把这件小事情做好，不成功才怪呢！"他说这话的时候，一副很淡定的样子。看来对于"将小事情做到极致，就能成大事"这个道理，他早就明白了，并且还一直让孩子这样在做。

那天从与他的聊天中得知，他每天都会监督儿子去弹琴。他规定儿子每天只弹一个小时的琴。他对儿子说，一个小时的练琴，对于男子汉来说就是小事一桩。他问儿子有没有信心做好，儿子听到之后，内心受到了鼓舞，大声回答："不就是一个小时吗？男子汉大丈夫说到做到。"

但孩子毕竟是孩子，当初答应的时候图的是一时兴趣，他不知道每天坚持练一小时琴，做起来还是有一定难度的。

每次儿子打退堂鼓的时候，杜峰都会说，如果是男子汉就坚持下来，如果想当孬种，以后就不用学任何特长了。儿子从小就希望自己是个响当当的男子汉，被杜峰这样一说，就憋着一股劲儿练琴。每当想放弃的时候，他就会对自己说不就是一小时嘛，小事一桩，男子汉什么都不怕，还怕练琴？就这样，一件小事情坚持做了几年，竟然在小人才的比赛中得了一等奖。

杜峰对于孩子的教育宗旨，就一句话，那就是：坚持从小事做起，小事做好，大事能成。而他也是让儿子按照这个方向在走，从最初得到小人才一等奖，到获得区三好学生，再到作文比赛一等奖。他一步步地给孩子规划这样的小事情、小目标，让孩子朝着这个方向去努力，在一个时间段内只做这一件小事，只坚持做这一件小事。由于一门心思地将这件小事情做好，得到好回报也是情理之中的事情。那天我不禁在想，难怪当他得知儿子获奖的消息时那么淡定，原来一切都在他的预料之中。

杜峰对于孩子教育的这件事，让我想起我读书时的一个同学。那时她的妈妈每天都会让她抽半个小时的时间摘抄书中的名言名句和古诗词。当时她并不明白妈妈为什么要让她这样做，只是被动地去做这样一件事情。她曾告诉我，当时她妈妈对她说，不要小看了摘抄名言名句这件小事，以后你会从中受益的。在此期间，她也有不想抄的时候。好在一直以来她都是听话的孩子，母亲说什么她都会听，于是也就坚持做这样一件小事。多年后我们各自毕业，各自都有了工作，而她则在工作之余，又兼职写稿。她写出的稿子，总能被编辑选中，频频发表于国内各大报刊。曾有编辑说她文字功底扎实，结构紧凑，文章读起来耐人寻味。直到那时她才意识到，多年来摘抄名言名句的习惯，在这里取得了收获。如今她对我说，当年看似每天摘抄名言名句的小事情，成就了她现在的写作梦。

现在她每天都要求自己背5个英语单词。她说由于自己英文学得不好，现在想用这个方法将英文重新再学。我想她有这股坚持的精神，说不定过几年，英语就能够被她掌握。

坚持从一件小事情做起，并且用心地将这件小事做好，确实能够取得大成就。杜峰和我同学的经验告诉我们，只要抱定将小事情做好的态度，并且持之以恒，一定能够取得大收获。新东方创始人俞敏洪也认为，大事业往往要从小事情一步步做起来。没有做小事打下牢固的基础，大事业是难以达到成功的。

所以说，坚持让孩子从小事做起，是孩子以后能做好大事的基础，小事做好，大事能成。从小事做起，积水成渊，积土成山，最终一定会取得大成就。

7

自律有反复，家长应该催促坚持

“我家的孩子这段日子怎么又回到老样子了？规定的事情又不做了，实在是让人头疼。”打开QQ聊天，好友文秀发来了消息。她对我说，孩子又回到了老样子，你让他做什么，他又开始拖拉，或者不给予回应。真不知道该怎么办了。

在QQ上我问了她事情的经过。她对我说，以前她规定孩子每天早上7点起床，然后就是晨读英语，再去上学。下午放学回来，先休息10分钟，接着做作业，做完作业必须练45分钟的琴，9点半准时上床睡觉。以前孩子一直都是按着这个流程在走，从来都没有出过什么纰漏。事情的转变是发生在她出差的这一个星期，孩子由外婆管。这一管，就完全没了章程。

我问她："孩子爸爸呢？"文秀说："孩子爸长期出差，指望不上他。我这一出差，就只能把孩子交给我妈带了。"

外婆带孩子完全是按着自己的想法，孩子说要早上7点起床，外婆说多睡会儿身体好，哪有小孩子不差觉的呢？小孩子毕竟是小孩子，再说这话还是外婆说的，她也就跟着听了。妈妈不在家，少了很多约束，孩子很开心。就这样，外婆每天让她睡到7点半，晨读也不读了，琴也不练了，就连作业也是马马虎虎地做。等文秀出差回到家一看，彻底大变天。

看着孩子和自己的妈，文秀说那一刻自己差一点没气得吐血，辛辛苦苦给孩子制定的计划和目标，辛辛苦苦地每天监督她去按计划完成，还有制定的一些奖惩条例，居然抵不上老妈随便对孩子说的那几句话。那几句话让孩子这么长时间以来形成的自律毁于一旦。一个是自己的妈，一个是自己的孩子，她说这样的苦果只有自己认了。

那天她不停地向我倒苦水，我回复她说，这种情况真的是太普遍了，你不可能要求孩子在此期间没有反复，不可能凡事都按照自己想好的路数去进行。自律的过程中有反复，并不代表前期所做的一切就是失败的。前面所做的一切，我们今后还是要坚定不移地坚持，并且在后期要更加巩固这样一个过程，让孩子明白自律是要跟随自己一辈子的。

我对她说我的孩子也存在这样的现象，还对她说了，我那位搞教育的好友，也遇到过这种情况，小区里有些家长说自己的孩子也存在这样的问题。当问题出现了，我们首先不要气馁，不要认为我们当初所做的就是徒劳。因为很多时候，我们总是将这一切想得太过于美好，认为制定了目标和计划，孩子也在做，就不会有问题了。问题出现了就去想解决的方法，找到导致问题出现的原因，根据自身情况再冷静应对。

文秀遇到的这件事情，也让我不由得想起女儿前两年遇到过同样的事。当时我规定她每天要背一首古诗，起初一直都执行得很好，她每天背，我每天都检查，一个学期下来，积累了好多首古诗词。当时我也以为孩子会一直保持下去，没想到有一年过寒假，孩子的奶奶见我上班太忙，便主动要求把孩子接到乡下帮着照看。孩子临走的时候我对她说，和我约定好的事情不能中断，她也对我保证说一定不会忘，会坚持每天背一首古诗的。半个月后，当她从乡下回来时，我再问她古诗背诵的情况，她不好意思地说："妈妈，我只背了五首，另外十首，我忘背了。"一句"忘背了"，就打破了已然形成的自律习惯！当时我也像文秀一样，又气又恼，可又不能说些什么，真的只能是认了。虽然当时心里是认了，但是过后一想，这事还是得坚持下去，如果就此中断，那么以后她可以将我制订的任何计划都不放在心上。于是我再次立下了这样的规矩，就是无论女儿以后再去哪里，或者由谁带，制定的目标必须完成，不能找任何理由。如果外出，每天必须电话或者视频和我保持联络，在电话里完成背诵古诗的任务。女儿没想到我会来这一招。

经过我的这番高压政策，女儿每天的古诗背诵再也没有中断过。

文秀听了我的这番话后说：“看来我现在要再次给孩子制定规矩了，并且保证不再因任何事情而中断。”我说：“不要以为自律形成了，就不会有反复。你遇到的情况很普遍，现在你所能做的，就是再次形成规范，并且让孩子严格执行，不要再让外在的人和事来干扰。”文秀听了我的话，再次给孩子制定了目标和计划。

自律有反复，家长须谨慎，在面对孩子有反复的时候，切不可心急，也不可发火。而是要静下心来找原因，做好下一步的打算。不能因为有了反复就任由孩子这样下去，否则在此之前我们所做的一切，就真的是白做了。

第 7 章

孩子的自律与回报成正比

俗话说：种瓜得瓜，种豆得豆。家长当初帮孩子养成怎样的良好习惯，在孩子成长中，这些好习惯都会陪伴他们一生。孩子有多自律，他所获得的回报也就有多丰厚。其实，真正拥有自控力的孩子，并不觉得自律是件苦差事。正如哲学家康德所说：“真正的自由不是随心所欲，而是自我主宰。自律即自由。”拥有了这份品质的孩子，他的世界注定该由他自己主宰。

1

让优秀成为习惯

好习惯的力量不可小觑，它拥有一种巨大的能量，能够使我们进入更高的层次。

好习惯是可以养成的，需要长期反复地训练。家长要参与孩子习惯改善过程的始终，并在各个方面给予指点和帮助，坚持一天一检查。

善于自律是人生的一种乐趣，通过自律，孩子就会把更多的时间用在有意义的事上，赢得更多的胜利果实。

记得有一年，我观看了一场儿童古筝表演，让我印象最为深刻的是一个身体有残疾的女孩子。当她走上台的时候，我见她连路都走得不太稳，整个脊柱是歪的。当时我在想，孩子这样弹起琴来肯定很吃力。可当她一坐在琴前，就将头抬得高高的，身体努力保持着挺直状态。再看她弹琴的状态，完全是一副很轻松的样子，指尖在琴弦上快速飞舞着，琴声从她的手中流出，听起来韵味十足。

当她弹奏完后，主持人问她："你身体残疾，练起琴来是不是很费力？"

女孩子说："是很吃力，可我就是喜欢古筝，所以我一定要坚持。虽然我身体有残疾，但是我的心智是健全的。我就把练琴当成了自己每天必须要做的事情，每天让自己练三个小时的琴。"

主持人说："三个小时啊！你坚持得下来吗？"

小女孩回答："起初也坚持不下来，但是妈妈说，我和别的孩子不同，我先天就比别人差一些，别的孩子一天练一个小时就行，可我必须要比别人多付出。所以我就给自己定下目标——练三个小时。"小女孩说到这里，台下一片掌声，而我也在那一刻眼圈有些湿润。

这个孩子如此要强，一方面是和孩子母亲的教育有关，另一方面是孩子肯听母亲的话，天天坚持做这件事情，养成了自律的好习惯。

后来主持人又说："你真是个优秀的孩子，以后你会越来越棒。”

女孩子笑着说：“我只是坚持让自己变得自律。妈妈说了，只有自律的孩子，日后才能成为优秀的人。”女孩子的话赢得了阵阵掌声。

的确，只有自律的孩子，日后才能成为优秀的人。当孩子将这份自律、这份坚持当成一种习惯的时候，必将会变得越来越优秀。

那天的演出，那个女孩收获的掌声是最多的。演出结束后，好多孩子的家长都将她们母女俩围住，向她们祝贺。大家在祝贺她们的同时，也是想多和孩子的母亲交流一下教育孩子的经验。

我还记得一件事。以前在小区里时常见到一个孩子，无论是严寒还是酷暑，他总是会拿着一支大大的毛笔，拎着一桶清水在地上练习写字。孩子写得很认真，常常是有时写着写着就忘记了身边的一切，甚至有几回他妈妈叫他回去吃饭，他都没听见。有几回经过他身边，我便问他，你怎么每天都准时在这里练字？男孩说这已经是一种习惯了，每天要是不写就觉得差了点什么。就在那时，男孩的妈妈来了。见到我后，她对我说：“这孩子就喜欢写毛笔字，还说以后一定要成为一名书法家。我是不想让他天天在下面练，现在天又热，我真担心他会受不了。”男孩连忙说：“妈，我没事，要是连这点苦都吃不了，我还算是什么男子汉。再说了，我一点都不觉得这是在吃苦，我是把它当成游戏在玩。我觉得很快乐、很轻松。”

我不由得对男孩子刮目相看，他已然将别人认为枯燥的事情当成了游戏，享受其中。

男孩练字的时候，我与他的妈妈聊了起来，问起了关于孩子教育的问题。她说：“我哪懂什么教育啊，我只是认一个死理，就是让孩子从小有一个好习惯，一旦习惯养成了，再做其他的事情就简单轻松了。当初他说要练字，我就对他说，练字可以，但是你要答应我不能够中断。原以为他只是一时兴趣，我当时还在想要是他坚持不下去了，该怎么办。没想到这孩子和他爸爸一样有股子韧劲，现在根本不用我督促。”

又过了一年多，有一天，我见到孩子的妈妈笑呵呵地从小区外走进来，对我说孩子书法比赛得了一等奖。我向她表示祝贺，她说：“我哪想过孩子能得奖，以为他只是兴趣，没想到这孩子还真争气。”那天我对她说，这孩子今后还会有大出息。她有些吃惊地看着我，我接着说：“因为你的孩子拥有自律的品质，今后又怎能不优秀呢？”孩子的妈妈听我这样一说，笑了。

2

一时的自律，换来一生的轻松

好友林茹这次又得了征文二等奖，群里所有的人都说林菇这简直就是让人羡慕嫉妒恨的节奏，都说为什么林茹写什么都能被编辑采用呢，而我们却是频频遭遇退稿。她们说这话的时候，我就在想林茹之所以能够写什么发表什么，都是源于她当年养成了良好的大量阅读的习惯，加上她坚持不懈地写作，从而使得她拥有了值得骄傲的成绩。

我还记得她曾对我说过，她说她将别人用来娱乐的时间，都拿来读书、背书了。的确，印象中书本是她的最爱，就算是毕业多年，她一直都没有丢下书本，每个月都会要求自己看几本书。她说如果几天不拿书本，就觉得浑身不对劲。她说她这一习惯就是小时候养成的，那时她喜欢听故事，她的母亲便总是会在每晚入睡前给她讲一个故事。后来长大了，母亲的故事她都听腻了，于是她就让母亲给她买了许多故事书，久而久之，就养成了阅读的习惯。再后来故事书满足不了她，母亲就给她买中外名著。那个时候她觉得自己的世界一下子变大了，以前只是听母亲讲故事，后来通过书本她知道了许多母亲都不知道的知识。母亲不仅让她坚持看书，还坚持让她抄书。

她说书本打开了她的视野，也让她尝到了坚持读书带来的甜头。如今无论是在工作上，还是业余写作方面，她都能轻松自如地去面对。用她的话说，当年的自律，让她现在做什么都倍感轻松。

当然我也问过她，小的时候她就那么自觉，就真能静下心来看书？林茹笑着说："我哪有那自觉啊！我所有的自律都是在母亲的高压政策下形成的。小孩子谁不想玩，我也不例外。我还记得有一次，母亲让我抄文言文，我没有抄。结果被罚要抄30遍，抄得我简直是头晕眼花。不过正因为大量的抄写，现在我都能背熟那篇古文。也正因为母亲这样严格要求，我才能够大量读书，以至于现在写任何东西，基本上提笔就能来。"

林茹的这番话，让我体会到，真的就像有些人所说的那样，年少时的自律，换来一世的轻松。

对于现在的孩子来说，有些人认为自律就是守规矩，就是受苦受累的事，其实这只是自律的最初级阶段，或者说这根本不是自律。自律是当你完全适应了这种生活，你就认为它原本就是你生活中所必须要做的。就像林茹，小的时候也觉得母亲让她做的那一切都是受苦，还时常会抱怨，但她还是将她当成了每天必须要做的事情坚持下来。多年后，当她受益于自律所带给她的回报时，她会觉得儿时所受的一切根本就不算什么，也不是所谓的受苦。关键是现在的她，在面对具体事务的时候，能够游刃有余。

一时的自律将带给你一世的轻松，让我们的孩子，从现在起自律，迎接美好人生。

3

教孩子控制情绪，也是自律的表现

“妈妈，妞妞真烦人！我不和她玩了！”商场负一楼的游乐场下面，我见到一个女孩正对着自己的妈妈抱怨。大意就是那个叫妞妞的孩子，总和她抢东西玩，她还没玩，那个妞妞就抢先一步了。

孩子的妈妈连忙对女孩说：“你是姐姐，你就让着点妞妞。”妈妈的话音刚落，只见那个女孩直接上前抢了妞妞的玩具，边抢还边说：“刚才让你玩了半天了，现在该我玩了。”那个妞妞也不甘示弱，一巴掌打在那个女孩身上，两个孩子就这样打成了一团。孩子妈妈连忙跑了过来，将两个孩子拉开。女孩的妈妈对女孩说：“不是说了嘛，你是姐姐你让着点儿，再说了，你脾气这么差，以后没哪个小朋友会和你玩了。”可是那个女孩却理直气壮地说：“凭什么就让我让着她？为什么她不让着我？”再一看那个妞妞也不让步，大声说：“明明就是我先拿到的，为什么要给你？”

看到这里我不禁在想，小孩子其实和大人一样，都是有情绪的。小孩子的情绪大多是不隐藏，想发火了，就直接发了。就像刚才这个女孩子，妞妞抢了她的东西，她就直接发飙，看似维护了自己的权益，时间久了，就真像她妈妈说的那样，不会有小朋友和她玩了。

那天两个孩子都冲对方发了很大的脾气。

那么孩子该不该发脾气？在此我想要说的是，适当地发脾气是可以的，但是如果孩子的情绪总是无法控制，凡事总以自己为主，那么这样的情绪就需要控制了。孩子无法控制脾气，在某种程度上，就是无法约束自己的行为举止。

我曾听朋友说过这样一件事，她说有一天在她们小区里，她见到一个男孩子正围着操场跑步。当时天很热，男孩跑得满头大汗。男孩子跑完了一圈，来到妈妈身边，问还跑不跑了，男孩的妈妈反问他：“那你现在还生气吗？还要买那个玩具吗？”男孩说：“我就是想不通，你为什么不给我买？”妈妈接着对他说：“那你再跑一圈。”男孩又开始跑了起来。直到妈妈再次问他，还要不要买玩具，男孩说：“不就是一个玩具吗？我们班同学都有。”妈妈接着又让他跑。直到他快跑不动了，妈妈再次问他：“还想买玩具吗？自己刚才做的事情错了没有？”男孩说：“错了，不买了，也不生气了，不就是一个玩具吗？现在想想也没什么好玩的。”孩子的妈妈说：“那你一会儿回家，把你摔的碗收拾干净，然后把没做完的作业做完。”

那天朋友觉得很好奇，就问孩子的妈妈，到底是怎么回事，为什么大热天的要让孩子在楼下跑步。孩子的妈妈说，孩子一放学回到家，就要买当初她不让买的玩具，她说已经明确表态说不买了，可他不听，不仅如此，让他去吃饭，他居然把碗给摔了。妈妈一气之下，差点要动手打他，但还是忍住了，于是便让他在楼下跑几圈冷静一下。说是让孩子冷静一下，其实也是让自己冷静一下。孩子的妈妈说：“我之所以让他跑步，就是想让他以后再遇到这事的时候，能够想到今天所发生的一切，让他学着控制自己的情绪。”

朋友对我提及这件事情的时候，我觉得这个妈妈实在是太明智了，她让孩子在生气之后，适当地转移自己的视线，同时通过跑步将心中的怨气也发泄出来。孩子在跑步的过程中，其实也是在思考，思考玩具到底该不该买，妈妈的拒绝是不是真的有道理，自己还要不要再生气。直到快跑不动了，孩子也彻底想通了，对妈妈说不再要那个玩具了。

我对朋友说，这位妈妈其实也是在教孩子如何能够更好地自律，好友有些不解，我说："其实这世上最好的自律，就是能管理好自己的情绪。一个人如果连自己的情绪都管理不了，何谈做其他的事情？"

但凡优秀的人都是管理情绪的大师，无论他们在面对胜利或者失败的时候，都能够做到淡然面对，坦然处之。林则徐原本是性情刚烈之人，后因脾气原因，在办案的时候，导致了一桩错案，成了老百姓们茶余饭后的谈资，林则徐也成了大家口中的一个笑话。后来他意识到这是自己的坏脾气所带来的危害，便在自己的书房中挂一块"制怒"的牌子。每当遇到无法控制情绪的时候，他便会看着这个牌子，让自己的情绪平息下来。宋美龄也是情绪管理大师，虽然她一直以来都对丘吉尔不满，但在与丘吉尔会面的时候，当对方问她自己是否是坏老头的时候，宋美龄没有回答"是"或"不是"，而是直接把皮球踢了回去："请问首相您自己怎么看？"丘吉尔说："我认为自己不是个坏人。"宋美龄顺势回答："那就好。"虽然她对丘吉尔不满，但并没有表露在言语上，而是以巧妙的回答，避免了尴尬。

对孩子来说，有了情绪还是要发泄出来，但是不能为发泄而发泄。以前曾见过有的大人，在孩子被椅子绊摔之后，居然让孩子用脚使劲踢椅子，还说都是椅子的错，让孩子踢椅子以便发泄。这样的后果，实际上就是让孩子将自己的过错转嫁给了外物，久而久之对于孩子性格会有着很大的负面影响。

这个时候家长应该引导孩子，告诉他错在了哪里，是什么原因导致摔倒的，并且还要教会孩子，再遇到这种情况的时候，要学会控制自己的情绪，不能因遇到一点小困难就怨天尤人。家长还要告诉孩子，要为自己的行为和情绪负责，是自己的错就要勇于承担。

当然，作为家长也要对自己的情绪负责，学会控制情绪，不要一有不高兴的事情，就不停地抱怨，这样只会让孩子也养成爱抱怨的毛病。如果真的是遇上心烦的事情，就平静地对孩子说，妈妈这会儿心情不好，不是因为你的事情，让妈妈自己冷静一会儿，等过一会儿情绪好了，妈妈再来陪你。这样，让孩子知道，有不好的情绪不是什么错事，关键是要学会如何去化解。

4

自律带来的意想不到的惊喜

她现在是一位单亲妈妈，我认识她有好几年了，当初是因为带孩子一起去上兴趣班时认识的。有一段日子我带女儿去上兴趣班，总是没能见到她。再见她时，她很伤心地对我说，她离婚了。也就是在那个时候，她对我说今后会改变自己，再也不让自己像从前那样浑浑噩噩地过日子。她会好好地带着孩子生活，她会给自己制定目标和计划，并按照既定的目标前行。听她说这样的话，当时我不太相信，因为以往的她可不是这样。每天除了在牌桌上混日子，就是在美容院里耗时间，家里所有的重担都压在丈夫的肩上。两人之间的矛盾时常爆发。丈夫认为她不该整天这样混日子，可她却说，生了孩子的女人不这样过，还能怎样过？最终丈夫受不了她整天不思进取，好逸恶劳，提出离婚。那一刻她傻了，曾经说过一辈子都不变的丈夫居然变心了。那段日子她哭过也闹过，甚至还自杀过，最终她战胜了自己，决定重新开始。她给自己制定了一系列的目标和计划，首先就是要找份工作。常年与社会脱节，找起工作来还是挺难的，但她没有放弃。她就像电视剧《我的前半生》里的罗子君一样，最初从营业员干起。由于她踏实肯干，很快就升为店长。再后来她无论是在职场上，还是在生活上，都发生了很大的改变。最终我相信了她当时对我所说的话，在经历了重大的变故之后，她变得比以前优秀了。

当然，改变最大的不仅是她，就连她的儿子也发生了变化。以前那孩子可是有名的淘气包，女儿和他在一起玩的时候，总是会被他捉弄。当时我还对她说，这孩子有些毛病要管管，可她却说："孩子嘛，管那么多干吗？他爱怎样就怎样。"见她是这样的态度，我便不再多说。没想到经历了婚变的打击，就连小孩子都成长起来了。

她知道当初自己的一些教育观念是错误的，若由着孩子和自己就此沉沦下去，今后是没有什么好结果的。于是她在工作之后，便大量地阅读育儿书籍，希望能够将孩子教育成才。孩子看到妈妈在改变，看到妈妈再也不像以前那样整天除了打麻将就是做美容，而是很努力地工作和学习，也开始慢慢地转变。每天能够在妈妈的要求下按时完成作业，甚至还会帮着她处理家务。记得有一次我去了她们租住的房子，见男孩正在帮着收拾碗筷，便上前准备帮忙。可孩子却说：“阿姨，这是我应该做的事情，不用你帮忙。”孩子懂事的话语，让我不由得对他刮目相看。他再也不是从前那个一味地找妈妈要玩具的淘气包了，也不再是学校里经常闯祸的害人精了。她对我说：“以前我一直认为我儿子这辈子都不会懂事，没想到经历了这件事情之后，我最大的收获，就是拥有了一个懂事的孩子。”我说：“这一切的功劳都是因为你。”她说：“我从来没有想过，离婚竟让我的生活发生了重大的改变。我由一个以前从来都不自律的人，变成了现在对自己各方面都有要求的人。我现在在想，如果早几年，我能够意识到这一点多好啊。”人生没有后悔药，她的意思是说如果早几年就让自己像现在这样，为自己的生活设定目标和计划，为了更好地培养孩子而大量阅读书籍，或许她的人生将会是另一副模样。当然她说好多事情不是由她决定的，现在的她重新找回了自己，并且让孩子也越变越优秀。这是她以往从来没有想到的。

这也就是自律给她带来的意想不到的惊喜。

有一段日子女儿总是频繁感冒，每一次去医院不是输液就是吃药。医生说孩子的体质太差了，平时要加强锻炼，实在不行就找中医调理一下。医生的话让我对中医产生了兴趣。

于是在女儿病好后，我挂了中医科。医生为女儿把脉，询问了相关情况之后，对我说：“这孩子体质偏寒，平日尽量少吃一些冰的，特别是三伏天，最好让孩子远离冷饮，如果能做到这些，孩子的体质就会好很多。”虽然我也知道无论是大人还是小孩，多吃冰的都对身体不好，可是真正能做到的人还是不多。那天从医院回来，我问女儿：“每次生病你难受吗？”女儿说：“当然难受了。”我说：“如果今后想不再生病，咱们就要从生活中多注意。”女儿说：“好啊，注意什么？”我对她说，从今以后不允许吃冰激凌，不允许喝冰饮料。听我这样一说，女儿说：“不行，妈妈，冷饮可是我的最爱，要让我不吃这些东西，那活着还有什么意义。”她的话让我大跌眼镜，什么叫不吃冷饮就活着没意义？那天我苦口婆心地对她说了半天，最终她还只是勉强同意。好吧，无论是勉强同意还是被动接受，从那之后，我再也没买过一支冰激凌，外出的时候，更是坚决杜绝。在此期间，我还根据医生配的菜谱给孩子做营养餐。或许真的是与饮食有关，从那之后，女儿竟然很少生病。就算是有个头疼脑热的，一般情况下，只需两三天调养就好了，很少再去医院输液了。我对女儿说：“看到没，这就是自律带给你的好处。”女儿对于我所说的话也开始认同，她说：“妈妈，真的呀！你说人要懂得自律，懂得学会约束自己，还说自律会给我带来好结果，看来你说的都是对的！”

自律的人，生活的方方面面都会在不经意间收获意想不到的惊喜。那么，还等什么？坚持自律，开启人生新篇章吧！

第 8 章

成为真正拥有自控力的好孩子

孩子凡事都能够按照计划执行，能够排除外在的干扰，持之以恒做好自己应该做的事情。孩子拥有这样的品质，对家长来说是一件值得欣慰的事情，孩子也由此自行开启了通往成功的道路。

1

规划得当，
玩得好又学得好

刚走进小区，我就见到街坊杜鑫正带着儿子准备外出游泳，见到我后，他停了下来，笑着对我说："你上回告诉我的方法我一直都在用，没想到还真管用。这不，半年的时间，我儿子现在不仅玩得好，学习的劲头也足，看来孩子的自律越早抓受益越早。"他一个劲儿地对我说着"谢谢"，倒让我有些不好意思了。

其实，我只是将有些家长的经验以及自己的育儿经验告诉他，让他结合自己孩子的实际情况，灵活运用。以前他曾对我抱怨，说现在的孩子太不好管了，还说这生的哪是孩子，分明就是大爷。他的语气是那样无奈，可又不知该如何解决问题。

直到有一天，与我闲聊的时候，我便对他说让他还是要给孩子在家里制定一些规矩，给孩子制定一些短期目标，并严格监督孩子完成的情况，让孩子形成这个年龄段该有的自律。同时我还将以前同事的一些育儿经验告诉他，比方说以表格的形式制定让孩子乐于接受的任务，让孩子自己的事情自己行动起来，让孩子尽可能少地去接触一些电子产品，让孩子自己学会管理时间……我的话他大多都听进去了，于是便在家里实施起来。

起初儿子并不听他的，甚至还会和他对着干，而他也开始压住自己的脾气，不再像往常那样大吼了，改为平心静气地说服孩子，一次不行就多说几次，同时该惩罚的时候也绝不手软。孩子见爸爸事事和自己较真，自己又没有办法说服爸爸，于是也就只好按照爸爸说的去做。

他说虽然在实施过程中有困难，但是他对所发生的一些事情都做了预判。孩子呢，由于没了依靠，加上夫妻二人同心协力去执行这件事情，使得他只能接受这一现状。当然随着时间的流逝，孩子在家长的监督下，也觉得家长这样规划并没有太多的不适，慢慢地习惯了。每天该做什么事情，做事情的时间是多久，由于都有了明确的规定，孩子也觉得这样很公平，就很认真地去执行了。

当孩子按照要求完成所该完成的任务后，在时间方面有了空闲，杜鑫便利用这个时间，带着孩子到处去玩。他说：“当别的孩子还在家里为了做作业和大人实行拉锯战的时候，我儿子作业早就在规定时间内做完了，我尽可能多地利用这个时间，带着他好好地玩。”杜鑫说这就是自律带来的好处，它让孩子在严格要求自己之后，有了更多的时间去做自己想要做的事情。而不是像有些孩子，在面对作业的时候，东拖一下西拉一下，完全没有一个好的状态，并且浪费了宝贵的时间，想要出去玩，谈何容易？杜鑫给孩子的规划得当，孩子既学了，又玩了，还拥有了良好的自律品质，这就是一举多得的好事情。其实让孩子自律，并不是一件很难的事情，只要家长制定了目标，严格执行，带着孩子一步步往前走，就没有不成功的。

我还有一个好友，也是因规划得当而受益。在女儿很小的时候，她就规定孩子在家里只能看书，不能看电视，而她也很少在家看电视。那时的她，就从生活上的这一细节让女儿形成了自律。她对我说：“电视是最害人的东西，小孩子只要是迷上了看电视，那么就会停止思考，从而被动地跟着电视走。”她还说她曾看过一则新闻，说是小孩子如果电视看多了，创造力就会下降。还说有研究学者做过了这样的调查，就是将看电视和不看电视的孩子分成两组，让他们画白雪公主的形象。看过这个动画片的孩子，画出的白雪公主就是和电视里的形象差不多，可是从书中读到白雪公主的孩子，画出的白雪公主形象明显具有创造力。好友说电视剥夺了孩子的想象力和创造力，让孩子变得不愿意思考。她不愿意自己的女儿也变成这样的人，所以限制女儿看电视。由于从小就不看电视，好友的女儿比同龄的孩子有了更多时间去做别的事情。再大一点，孩子上学之后，少了看电视的时间，她就给孩子安排去学习国学。在学国学的过程中，对于平日学校里课堂上学习语文也有了更多的帮助。女儿说面对学校的作业，她比其他同学更能够轻松应对。好友一步步地给孩子制订计划，一步步地让孩子学会更好地约束自己。她对我说得最多的就是，只要规划好，其实玩和学是不冲突的，有时在玩的过程中，也能学得到东西。

的确，有时在玩的过程中，也能学到东西。同事刘明就是一个喜欢带孩子四处玩的家长。当然他所谓的四处玩，也是在孩子完成了正常的课业之后才进行的。他最喜欢带孩子去的地方，就是各地的科技馆。他说可别小看了科技馆对孩子的作用，往往在玩的过程中，就能学到一些科学知识。他说科学技术是第一生产力，科技发展是提升综合国力的重要保证。有趣的科学实验能够激发孩子的创造力，提升孩子的动手能力，促使孩子好好学习，努力掌握科学知识。他说这些的时候，道理是一套一套的，但不得不说他所说的这一切，还真有一番道理。每逢假期，他都会带着儿子开启他们的科技之旅，每个城市的科技馆，都是他们要去的目的地。他还决定等孩子再大一点，利用假期的时间，带孩子走出国门。而他的孩子正因为对科技有着如此的爱好，在一次学校的科技比赛中得了一等奖。

刘明的经验告诉我们，玩和学是可以兼顾的，关键是看家长如何合理地去安排。他们三人的教子经验告诉我们，凡事都是需要规划的，不要小看了规划的力量，它可以让孩子在学习的过程中，更大程度地享受到自由和快乐。

2

寻找榜样，共同促进成长

我们都知道榜样的力量是无穷的，可以激励我们不断进取。我们应该让孩子找到自己的榜样，向榜样学习，这对孩子的成长有积极意义。老一辈革命教育家吴玉章，在回忆他的父母用伟大的人物作为榜样引导他成长时说："在我懂事的时候，父亲教育我要做一个顶天立地的人。祖母常告诉我，小时偷针，大时偷金，宁可饿死也不能接受不义之财，还教育我做事要有始有终。每当空闲的时候，长辈就给我讲岳飞、文天祥的故事。这些教育对我后来参加革命活动，培养我的民族气节和革命气节，对我生活习惯和作风的培养，都产生了积极的作用。"这就是榜样的作用，让孩子在成长的道路上有了一个标杆，能更好地要求自己，对孩子的成长起到了决定性作用。

不久前的一天，我正和女儿走在回家的路上，忽然有人在后面叫我。我回头一看，竟然是和我住在同一个小区里的洋洋妈妈。“果果妈，我家洋洋想和你家果果结成对子，你说好不好？”她对我说想让她家洋洋和我女儿结成对子，还说我和她家隔得不远，以后经常将孩子送到我那里，让孩子和我女儿在一起学习，一起玩，这样就可以帮助孩子进步了。听了她的话，我不禁笑了，这已经是第五个要和女儿结成对子的同学了。女儿说：“妈妈，你都不知道，班上的同学都想和我在一起，是不是我的人缘关系好？”我说：“人缘关系好是一方面，关键是你的一些好的习惯，让她们想和你在一起，并向你学习。”女儿说：“我的好习惯？”我说：“是啊，你现在比以前进步了许多，写作业速度有了明显的提高，自己约束自己的能力也在提高，正因为你拥有了这些好习惯，你的成绩也一直稳稳地在班上前几名，所以她们才想向你学习的。”我的话让女儿有些不好意思，她对我说今后将一如既往地按照我的方针执行下去，这样的好结果，她会一直保持下去。

其实女儿能有好的习惯，一方面是我和先生给她制订了一些计划，再就是我们都知道榜样的力量。所以在她选择伙伴的时候，尽量选择那些对她有带动作用的孩子，能够引导她积极向上的孩子，让她通过别人意识到自己的不足，从而更加努力地去完善自己。

我同学云娜的女儿靓靓，就是各方面发展都比较不错的孩子，不仅学习好，生活方面该自己处理的事情，绝不会让大人动手。云娜本身也是从事教育工作的，对于孩子的教育还是有一套的。两个孩子一见面，就玩到了一起。女儿说她特别喜欢和靓靓在一起，因为靓靓总是能够调动起她的积极性，共同学，共同玩。而且她们的玩，不像是有些孩子那样，一起看电视，或者玩游戏。她们喜欢自己动手设计发卡、画油画、弹琴、下围棋。总之女儿跟着靓靓学到了许多在学校里学不到的知识，就连先生都说，两个孩子就连玩都玩得很高雅。自从女儿和靓靓在一起玩之后，学习成绩也有了明显的提高，人也变得更加自信了。每当女儿遇到难题的时候，首先会打电话给靓靓，让她帮助解决。当然靓靓有时也会给女儿打电话，询问学习上的一些事情。两个孩子也是比着劲地学习，女儿曾说她和靓靓约定，学期结束的时候，都要在各自班上考到前五名。看着女儿的干劲如此足，我也感到很欣慰。跟着这样的孩子玩，相信大多数家长都是愿意的，都希望孩子能有这样的好伙伴。俗话说“近朱者赤，近墨者黑”，跟着一个各方面都优秀的孩子在一起，在他的带动下，自己也将会变得优秀。

我曾问过云娜，为什么靓靓会如此听话，云娜说那是因为她会时时以榜样的作用来影响孩子，她对我说孩子成长的过程中，需要有一个好的榜样伴随着自己。榜样的作用是让孩子能够正确塑造思想观念和行为倾向的重要因素。不过她也对我说，女儿也不是事事让她顺心，也有让她头疼的时候。有一段时间她发现女儿迷上了追星，迷上了周杰伦。看着女儿整天唱着周杰伦的歌，收集各种海报，那一刻，她还是有些担忧的。她担心女儿追星会带来不好的影响。可是她知道，这个时候如果一味地反对，势必会让孩子反感。于是她便想着把盲目追星变成榜样教育，变堵为疏，发现偶像身上的积极力量，发挥榜样的作用，让这些作用正确地引导孩子的人生观，那么孩子就不会沉迷进去。她在网上搜集了很多关于周杰伦的成长经历，都是一些很励志的故事。周杰伦刚出道时默默无闻，靠刷盘子为生，最后靠自己的努力一步步赢得了音乐界的认可和尊敬，取得了成功。她将这一切讲给女儿听，靓靓听后也觉得应该多向周杰伦学习，脚踏实地地好好学习，而不是现在一味地学唱他的歌，追踪他的新闻。她对妈妈说自己一定会好好学习，只有学习好了，才能有所作为。趁此时机云娜引导孩子去了解为社会创造更大价值的榜样，跟她讲许多科学家、企业家、文体明星等名人的故事，让孩子寻找更有意义的榜样，激励孩子努力进取和成长。云娜的这几招，让孩子不再盲目地追星，同时也让孩子因榜样的力量而变得更加积极向上。

如今女儿的同学以她为榜样，想跟着女儿一起进步，这是件好事情。而我也非常支持女儿和同学结对子，这样一来，就可以相互影响，共同进步。只要大家都抱着同样的目标去积极努力，那么说不定将会有事半功倍的效果。当然我也将这个想法和女儿的班主任进行了沟通，班主任觉得这个想法也很不错。她对我说打算在班级里开展一个向榜样学习的活动，让榜样的力量融入孩子的生活和学习当中。老师将平日表现好的孩子都树立了典型，让孩子们跟着一起学，同时还在各小组里，找到一个带头人，让这个带头人带着大家共同进步。事后班主任对我说，现在班上的孩子个个都要求进步，个个都希望自己能够成为别人的榜样。再后来市里举办作文比赛，班级里的学生得知情况后纷纷要求参加，老师见势头很高，便让学生按组来进行报名。每个小组里有四名学生，这四名学生每天都会利用业余时间写一篇作文。大家相互点评，相互监督，你追我赶，学习的氛围十分浓厚。老师对他们说，尽全力去比赛，如果没能得奖，也不要在意，毕竟算是经历过了，就没有遗憾。以前班级里也有学生参加比赛，但是只有一两个学生得奖，这一次没想到全班居然出了五个三等奖、三个一等奖，连老师都觉得相当意外。看着同学们的笑脸，老师也明白了，这就是榜样的力量！

要想让孩子拥有更好的习惯，拥有更好的自律品质，就要为他树立一个榜样。通过榜样的力量，促进孩子更加积极地去面对生活和学习，你将发现，孩子将会越来越好。

3

让孩子自己制定学习和生活目标

无论是大人还是孩子，都应该给自己树立一个明确的目标，目标对每个人都很重要。对于孩子来说，制定学习和生活目标是非常有必要的，它能让孩子在成长过程中，有一个明确的指向，有一个为之努力的方向。

哈佛大学的研究人员曾做过一个长达10年的追踪调查。在学生毕业时，哈佛大学MBA专业的学生被问及这样的问题："你是否有明确的生活目标并把它写下来了？你是否已经制订好了计划去实现它？"接受调查时，这些MBA毕业生的智力、学历、环境等条件都差不多。调查结果发现：只有3%的毕业生有清晰的目标并把它写了下来，13%的毕业生有目标却没有写下来；其余84%的毕业生除了打算离开学校后好好痛快地过个暑假以外，什么目标也没有。10年以后，研究人员又找到了当年那些被调查的学生。他们惊讶地发现：当初那13%制定了目标但没有写下来的毕业生挣的钱，是那些没有目标的84%毕业生的2倍。而最令人惊奇的是，当初那些目标明确，而且把目标写下来的3%的毕业生，他们挣的钱平均是其余97%的毕业生的10倍。10年来，他们始终朝着同一个方向不懈地努力。10年后，他们几乎都成了社会各界的顶尖成功人士，其中不乏白手创业者、行业领袖、社会精英。

这样的调查不禁让人感叹目标对于一个人来说是多么重要。一个有明确目标的人，就会对未来有一个非常清晰的方向，就知道自己将要做什么，从而更加努力地朝着那个方向走，而不是被动地去让别人安排自己去做什么。不管是小孩，还是大人，目标都是一个人期望未来要达到的一种状态，也就是在此之后，自己将要成为什么样的人，将要过什么样的生活，自己要为这样的生活而努力。我们每个人每天的生活都离不开目标，小到琐碎的日常生活，大到人生，都不能没有目标，而我们的人生轨迹就是由一个又一个目标组成的。目标的完成，才能使得我们的生活越来越幸福。

对孩子来讲，在人生的道路上，就更要学着制定各种目标了。不要小看一个目标对于孩子成长的作用，它可以让孩子从小就对自己的生活和学习有着规划，能够更好地意识到自己将要做些什么事情，并朝着这个方向去努力。家长在最初可以帮着孩子做一些计划，以及希望达成的小目标，并用孩子能看懂的方式表达出来。在制作计划清单的过程中，家长和孩子共同参与，会让孩子觉得是在完成一件很有意义的事情，就会特别有成就感。

外甥班上的数学老师，就是一个善于让孩子制订计划的人。她会要求孩子在开学的时候，制订出学期计划、月计划、周计划、日计划。她对孩子说得最多的话就是：“闲时无计划，忙时多费力。”在她看来，无论是在生活方面还是学习方面，都必须要有计划，没计划的人就像是没有方向的船，达不到幸福的彼岸。外甥对我说起他的这名数学老师的时候，明显不太喜欢。我说：“你现在认为老师让你做计划不好，但是时间久了，你会从中受益的。”我的话外甥似信非信，他对我说班上的同学都特别反感做计划，认为老师这是没事找事，原本平时的作业就多，还要写这么多计划，于是他们总是能拖则拖。我说：“你们拖，老师肯定有办法治的。”外甥说：“大姨，你怎么知道？我们老师治我们的方法可多了。”在外甥的诉说中，我得知这个老师对于不完成计划的学生从不含糊，谁不完成计划，就要受罚。由于受罚的次数多了，孩子们也只好按老师的要求去做计划。外甥还说就连有些家长也不能理解老师的这一做法，还说有的家长认为这个老师太过于死板。我与他正在聊着，妹妹走了过来，她笑着说："我以前也挺烦这个老师的，认为她就是喜欢上纲上线，但是不得不承认，经这个老师带出来的学生，分数明显地要高于其他班级的孩子，所以现在我倒觉得这个老师不错。"那天妹妹还对我说，在一次开家长会的时候，老师对她们说："我知道有许多家长都认为孩子每天写计划是一项多余的作业，在此我想说的就是，不要小看了这一份计划，它可以让孩子们明确地知道，自己今天要做什么，自己今天要达到一个什么样的状态，自己这个学期要上升到怎样的一个高度。一个个的小计划，能够成就大目标。"老师的话让家长们不由得思考起来。是啊，由于有了计划，孩子们每天都知道今天要完成什么，下一阶段的目标是什么也是一目了然。完成了的，就说明知识巩固得不错；完成不了的，就说明还有待提高。整个学期下来，学生按照自己制订的计划，一条条地完成，最终在期末的时候，都取得了好的成绩。老师的做法看起来是正确的，她的目的就是让孩子们能够做到心中有数，从而朝着想要的方向去努力。

那天妹妹和外甥一致认定这是一个有丰富教学经验的好老

师，如今外甥总能将这份计划用于生活中的其他方面。他会给自己列出生活方面的计划和学习方面的计划，就连打球他都给自己制订了计划。他曾对我说，以前很讨厌做计划，现在不做计划就觉得生活中差了点什么。一个从开始讨厌计划的人，到现在每天抢着给自己列出计划，孩子的变化是很大的，因为他从中受益，并愿意坚持下去。

而我也借鉴了老师的经验，让女儿主动为自己设定目标。女儿听后觉得有些意外，她说："妈妈，以前不是你制定目标，我完成吗？为什么现在要让我自己制定？"于是我便对她说起了外甥在家里自己制定目标的事情，告诉他弟弟的成绩之所以提高得如此之快，是和老师让他们主动设定目标密不可分的。现在的我不会为她设定目标而是由她为自己设定。女儿听了我的话，也表示要向弟弟学习，从现在开始，自己设定目标，并严格执行。看着孩子如此认真地去做这样一件事情，我的内心是喜悦的。我觉得孩子的确是在一天天地长大，也在一天天地变得更加优秀。

通过这件事情让我意识到，让孩子自己制定生活和学习的目标，可以更早地锻炼他们处理身边事情的能力，以及提高孩子今后独立处理事情的能力。这远比事事让家长给孩子制订计划，更能让孩子变得独立自主。

4

定下的目标，
就要在约定的时间内实现

定下的目标，就不要把它放在那儿，而是要按照最初设定的时间一步步地去完成。多数孩子在制订计划的时候，都是信心十足，决心不完成计划誓不罢休。然而一旦计划白纸黑字写下来了之后，却又放在那里当成了摆设。想着反正目标定了，等等再去执行也没有什么问题。于是就这样一天拖一天，目标还是那个目标，完全没有任何进展。人这一辈子最怕的就是，嘴上说的好听，可却不行动。或者说不按照规定的时间完成所制定的目标，从而让最初所制定的一切成了空谈。

韩国综艺节目主持人刘在石，曾多次获得韩国国家级主持人大奖，当电视台要他作曲来表达自己的工作生活态度以激励年轻人时，他写了一首《言之命至》。回想起他20多岁年轻的时候，心中那份动荡和彷徨，却又什么都没能成功，内心不免有些焦躁。一天他突然有了一个让自己为之震惊的觉悟，他觉得凡事都应该努力地去做，努力地追逐自己想要的，说到的话就要尽全力去做，生命中所期待的东西随着努力与坚持，总会在生命中出现。这样，才有了他在40多岁时，站在主持之巅，取得了巨大的成就。的确，无论是所谓的名人还是普通人，都需要给自己制定目标，并在规定的时间内完成，否则所说的一切都将是纸上谈兵。

我带孩子参加了一期夏令营活动，其中有一个环节让人印象颇深。那天是去一所农场采摘水果，老师对孩子们说，昨天教你们做任何事情的时候都需要列一个计划，你们都记住了吗？孩子们大声说："记住了。"老师接着说："昨天我还和你们说了，今天将要做的是采摘水果的活动，也提前让你们做了计划，你们当中有的小朋友列出计划说今天要采摘5斤水果，有的说要采摘8斤水果。小朋友们的计划做得都很棒，我想问问你们，都做得到吗？"孩子们纷纷大声说道："做得到。"老师又说："一会儿进果园后，果园里有一个游乐场，你们可以去玩，也可以先去摘水果，这都由你们自己决定，老师最后会在规定的时间内清点谁完成了任务，完成任务的小朋友都有奖励。”老师的话音刚落，孩子们便迫不及待地想着要往里走，于是老师便让孩子分组进了果园。孩子们进了果园，多数的孩子并不急着采摘水果，好多孩子都跑到游乐场去玩，老师也不多说，只是由着他们。当时我就觉得有些不对劲。我问老师不是说要采摘水果吗？老师笑着说：“的确是要采摘水果，我刚才都说了，这一切由他们自己决定，最后我只负责看谁完成了任务。”当时我并不太明白老师的用意，心想这把他们放到了游乐场里，那不是老鼠掉进了米缸里，开心死了。我正准备再问老师，谁知老师笑着说：“等活动结束了，你就知道了。”

那天，许多孩子都因贪玩而忘记了原本要去执行的目标和任务，只有小部分孩子去了。去了的孩子当中，也有一些没能完成自己设定的采摘任务。再看女儿算是勉强完成任务，她给自己制定采摘5斤水果的任务正好完成，但却采摘了一些不合格的水果，如果严格按照要求来算，女儿也没能完成任务。女儿对我说：“当时我是想玩一会儿就认真地去摘水果，可是那个小转椅实在是太好了，所以，我就……”我笑着说：“所以你就放松了对自己的要求，没能专心去采摘水果，从而没能保质保量地完成任务。”女儿不好意思地笑了笑，一再表示下回绝不这样了。

那天的这个活动，让我们陪孩子一起参加活动的家长也记忆犹新，觉得老师这样安排的确是用心良苦。她在让孩子们制订了计划之后，巧妙地设置一些障碍，看孩子是否能够克服这些阻力，按照既定的目标去完成任务。多数的孩子，都没能拒绝这份诱惑，就算是那小部分的孩子拒绝了诱惑也没能将任务圆满完成。这次的活动，让我不由得思考起来，多数的人在制订计划的时候，都会存在一定程度的拖拉，就像那群孩子，其实心里都知道应该要完成的采摘水果的任务。可是总是因为外在的因素导致未能在规定的时间内完成。这样的情形多了，那么所谓的目标和计划，制定与否都不重要了，因为即使制定了，也总会找理由去拖延。

活动结束的时候，老师对每一个孩子说，这次采摘的活动就是为了看孩子制订计划以及执行的情况。原以为孩子都应该顺利完成，可是没想到，还是有一部分孩子没能完成。老师希望没有完成的孩子，在下一次的活动中，能够战胜自我，认真地完成自己制定的目标。老师还说只有善于制定目标，并且主动完成的孩子，才能够更好地做自己的小主人，在人生的道路上，最终获得成功。老师的话引来一阵阵掌声，那些没能完成目标的孩子，也都意识到了自己的问题，纷纷表示下次一定要圆满完成任务，再也不被外在的环境影响了。

我想这样的情形不只是在这次活动当中，生活当中这样的事情肯定也不在少数。多数孩子其实都知道所要完成的任务，可是总因这样或者那样的原因，而将计划搁浅。计划和目标的制定是用来完成的，而不是用来说说的。定下的目标就要在规定的时间内实现，不要今天拖明天，明天又拖后天。也不要在执行的过程中，遇到一些意外或诱惑就把它放在一边。这样只会让你变得对目标和计划越来越没有信心，最终只能是放弃。我们在制定目标的时候，就要在内心里暗暗地下定决心，说到就一定要做到，制定了就一定要完成。

5

找到动力，让自律伴随一生

我们总是对孩子说要自律，总是在说为什么孩子无法做到自律。细想一下，我们的孩子为什么要学习自律？那是因为拥有了自律的孩子，就如同鸟儿拥有了翅膀可以在天空里自由地飞翔。自律，就是针对自身的情况，以一定的标准和行为规范来约束言行。同时自律也是一种有意识的，尊重现实的，承担成长责任的，把痛苦转换成快乐的能力。中国古代就有人提出“自律”这一词，唐代张九龄在《贬韩朝宗洪州刺史制》中提到：“不能自律，何以正人？”就是说自己都管不好自己，拿什么管别人。同时自律也指在没有人现场监督的情况下，通过自己要求自己，变被动为主动，自觉地遵循法度，拿它来约束自己的一言一行，从而达到既定的目标。

大人需要自律，孩子更是如此。特别是当今的孩子，面对的诱惑也比以前要多，所以在此对孩子提出自律是很有必要的。自律的孩子因为拥有了这种良好的品质，今后会更加优秀。作为家长来说，没有哪一个不希望自己的孩子今后能够变得优秀和获得成功。所以我们就要为孩子找到自律的动力，让这样的好品质伴随他们的一生。

对于我的孩子，我也是尽量让她做到凡事自律，希望她今后也能成为一个懂得自律的人，同时也要找到一条适合孩子自律的方式去约束她。在这条路上，我与她也在一直摸索，也走过不少弯路，最终才找到属于女儿的自律项目，并且一直坚持下去。最初我希望她的身体能够健康，于是天天要求她跑步，可是时间久了，她对我说："妈妈，你这样要求我跑步我会累死。"当时她说的一点都不假，我希望她健康，但是跑步却没能让她健康，因为原本睡眠不足的她，每天早上都会被我逼着外出跑步，终于有一天，她在跑步的过程中晕倒了。那时我才知道，我看似为她好的自律，其实并不适合她。再后来我看人家说打球对孩子的健康也有帮助，我便让女儿加入了小区的篮球队。当我第一次带女儿去的时候，一看全场就只有两三个女孩子打篮球。女儿一看就不愿意，说："妈妈，我不喜欢体育运动，你为什么非要这么折腾我呢？”我对她说：“跑步你说起不来，现在打球你又有话说，你到底想要怎样？”女儿见我发火了，只好听我的，加入了篮球队。由于体力差，有几回女儿都摔伤了，她哭着对我说：“妈妈，为什么你非要选这样的项目让我自律呢，难道你就不能让我安静地看看书、弹弹琴，或者是下下棋？”女儿的话让我思考起来。是啊，我这样折腾孩子，她一点都不快乐，虽然我想让她把身体锻炼好，但是我却忽视了她的情绪变化，她不喜欢，认为做这些都是受罪，我为什么不能征求她的意见，选一个她认为好一点的项目呢？

最终我与她确定下来，每天弹琴、看书、打羽毛球是必不可少的自律项目。经过这样的调整，女儿的睡眠也得到了保证，同时打羽毛球也锻炼了身体。关键是女儿原本就喜欢看书和弹琴，每天不用我说，她都能按时完成。自此这个为女儿专属定制的自律项目一直延续至今。女儿也很乐意选择这样的自律方式，再也没有抱怨。这件事情让我意识到，自律虽好，但一定要选择适合孩子的方式，否则一切都是徒劳。家长在为孩子制定自律项目的时候，一定要从孩子的实际情况出发，不要打着自律的旗号样样都去尝试，这样除了让孩子感到厌倦之外，对孩子没有任何帮助。

我走过弯路，好友林萍也同我一样走过这样的弯路。当时她一心希望自己的儿子能够跳拉丁舞。她说拉丁舞是她从小的梦想，那时自己没能实现，现在就想让自己的孩子实现。她为孩子报了舞蹈班，请一对一的老师，制定了练习的时间表，可是孩子并不乐意去学。她就在想，小孩子就是这样的，逼一逼也就好了。直到有一天孩子在跳舞的过程中，由于心不在焉，将腿摔骨折了，她才意识到，平日里虽然孩子去学，按照她的要求完成任务，但实际上孩子的内心是不愿意的。他完全没有动力去做这样的事情，只是被动地应付。他这样应付说白了就是为了妈妈的梦想，而这一切并不是他所想要的。那一刻，她明白了，孩子是孩子，她是她，她错就错在将自己的意志强加在孩子的身上。她和孩子长谈，问他喜欢什么，孩子说他喜欢打架子鼓，还说在学校里就已经参加了架子鼓社团。林萍这才明白，她自认为很了解孩子，实则并没能走进孩子的内心。最终，她同意了孩子的请求，为他报了架子鼓班。儿子学得很用心，很有动力，并且为自己制定了考级的目标。

我与林萍走过的弯路，相信有些家长也有过，我们都希望孩子能自律，希望孩子能朝着一个好的方向去发展。可是我们却忽视了孩子的需求，忽视了我们该以怎样的方式让孩子去自律。就像我女儿，当初我为她制定的自律项目，其实都不适合她，越是要求她，她越反感。我想，如果我一再坚持的话，不仅不能让女儿变成自律的人，反而会让她变得自暴自弃。后来我找到了适合她的自律项目，孩子也乐于接受，我也变得省心。看来方向很重要，方向错了，你即使付出再多，也是没有用的。

为孩子找到属于他的自律项目。当他找到了属于自己的自律项目，找到了自律的原动力的时候，就是他往前飞的时候。因为有了目标，有了方向，他才能更好地飞向属于自己未来的那片天地。